W0084230

Sag's in Versen

PETERSBERG

ist ein Imprint der

HEEL Verlag GmbH
Gut Pottscheidt
53639 Königswinter
Tel.: 02223 9230-0
Fax: 02223 9230-13
E-Mail: info@petersberg-verlag.de
www.petersberg-verlag.de

© 2023 HEEL Verlag GmbH
Petersberg Verlag ist ein Imprint der HEEL Verlag GmbH

Umschlaggestaltung: Axel Mertens, HEEL Verlag
Umschlagmotiv: © Adobe Stock: antura

Printed in Czech Republic

ISBN 978-3-7553-0034-2

Sag's in Versen

Das passende Gedicht für jeden Anlass

Mit Reimschule

Herausgegeben von
Claudia Mona Rosa

PETERSBERG

Sag es in Versen!

Mit vielen teile deine Freuden,
mit allen Heiterkeit und Scherz,
mit wenigen nur deine Leiden,
mit Auserwählten nur dein Herz.

Zahlreich sind die Gelegenheiten, und manchmal sind es auch Verlegenheiten, an denen man etwas vortragen muss. Und immer noch haben ein gereimter Vers, ein Spruch aus alter Zeit oder ein selbst verfertigtes Gedicht eine eigene, die Rede oder den Wunsch verstärkende Wirkung.

Es gibt zwei Möglichkeiten, sich zu helfen. Man sucht im Zitatenschatz der Weltliteratur oder schöpft aus dem ewigen Brunnen der Poesie und findet ein geeignetes Gedicht. Das mag nicht immer ganz passen, hat aber wie ein bekanntes Musikstück einen zeitlosen Reiz und einen schönen Klang, der den eigenen Vortrag abrundet oder auflockert, manchmal auch dem Gesagten einen tieferen Sinn verleiht und eine bleibende Bedeutung vermittelt.

Anders macht sich der selbstgedichtete Vers. Vielleicht wirkt er ein wenig steif und holperig, aber er verbreitet den Charme des je Eigenen und Persönlichen. Selbstgemacht, das ist authentisch und kommt von Herzen, mit einem Augenzwinkern und manchmal auch mit tieferem Sinn.

Wie dem auch sei und wann immer man welcher Variante den Vorzug geben mag: Dieses Buch bietet genügend Material, auf beiden Wegen zum Ziel zu kommen. Wer selbst reimen will, findet in den Beispielen und in der Anleitung zum Reimen Anregung und Unterstützung. Wer schnell einen geeigneten Vers sucht oder dunkel einen bekannten Spruch erinnert, wird mit großer Wahrscheinlichkeit ebenfalls fündig, sind doch mehr als 300 der beliebtesten und bewährtesten Verse und Gedichte zusammengetragen und nach Anlässen geordnet.

> Einer acht's
> Der andre verlacht's
> Der dritte betracht's;
> Was macht's!

Wilhelm Busch (1832–1908) wusste schon:

> Wie wohl ist dem, der dann und wann
> Sich etwas Schönes dichten kann!

> Der Mensch, durchtrieben und gescheit,
> Bemerkte schon seit alter Zeit
> Daß ihm hienieden allerlei
> Verdrießlich und zuwider sei.
> Die Freude flieht auf allen Wegen;
> Der Ärger kommt uns gern entgegen.
> Gar mancher schleicht betrübt umher;
> Sein Knopfloch ist so öd und leer.
> Für manchen hat ein Mädchen Reiz,
> Nur bleibt die Liebe seinerseits.
> Doch gibt's noch mehr Verdrießlichkeiten
> Zum Beispiel lässt sich nicht bestreiten:
> Die Sorge, wie man Nahrung findet,
> Ist häufig nicht so unbegründet.
> Kommt einer dann und fragt: »Wie geht's?«
> Steht man gewöhnlich oder stets
> Gewissermaßen peinlich da,

Indem man spricht: »Nun, so lala!«
Und nur der Heuchler lacht vergnüglich
Und gibt zur Antwort: »Ei, vorzüglich!«
Im Durchschnitt ist man kummervoll
Und weiß nicht, was man machen soll. –

Nicht so der Dichter. Kaum missfällt
Ihm diese altgebackne Welt,
So knetet er aus weicher Kleie
Für sich privatim eine neue.
(...)
O, wie beglückt ist doch ein Mann,
Wenn er Gedichte machen kann!

(aus »Balduin Bählamm«)

Kleine Reimschule
für Anfänger

Das Spiel mit Sprache, Reim und Gleichklang ist so alt wie es über-
lieferte Sprachwerke gibt. Es wurden Verse für Ritus und Kult ge-
dichtet, um höhere Mächte zu beschwören und sich Regeln für den
Alltag besser merken zu können. Später war es dann auch ganz
einfach nur die Freude am Gleichklang. Man kann sich Gereimtes
einfach leichter einprägen. Das weiß schon jedes Kind und kennt
auch heute noch Kinderreime, Abzählverse und Merksätze für die
Schule. Zu Weihnachten und zu Geburtstagen soll oder will es
dann irgendwann einmal Verse aufsagen, lernt Gedichte auswen-
dig und versucht höchstwahrscheinlich auch selbst, eigene Verse
zu reimen.

Ob zum Geburtstag, zur Hochzeit, bei einer Abschiedsfeier – die
Anlässe sind so vielfältig wie unvermeidlich. Man muss etwas vor-
tragen, und man möchte sich wortgewitzt und wortgewandt aus der
Verlegenheit ziehen. Wer nicht auf ein Gedicht der klassischen oder
der Hauspoesie zurückgreifen möchte, der muss selbst zum Gele-
genheitsdichter werden. Wie aber gelingt das Schmieden von Rei-
men? Damit es dabei nicht holpert und stolpert, braucht man nur
wenige Regeln zu beachten, und man kommt als Hauspoet unbe-
schwert durchs Leben. Wer mehr erreichen und mit ausgefeilteren
Werken glänzen will, kann üben und sich fortbilden. In der Kleinen
Reimschule für Fortgeschrittene am Ende dieses Buches gibt es für
alle, die mehr wissen wollen, einen ersten Einblick in die Poesie-
lehre, wie sie in vielen Jahrhunderten in Schulen und an Universi-
täten ausgebildet wurde. Es werden die wichtigsten Regeln, Formen
und Fachbegriffe erklärt und mit Beispielen verständlich gemacht.

Für den Anfänger und Gelegenheitspoeten können einige Grundregeln genügen:

1. Wir dichten mit Endreimen. Nur das letzte Wort einer Zeile, die in der Poetik (der Lehre von der Dichtkunst) auch Vers genannt wird, reimt sich mit dem letzten Wort der nächsten Zeile. Hier ein zweizeiliger Spruch als Beispiel:

> Benutze rasch den Augenblick,
> Vergangne Zeit kehrt nicht zurück.

2. Reimen sich immer die übernächsten Verse, sprechen wir vom Kreuzreim. Ein weiteres Beispiel aus der Stammbuchpoesie:

> Vergebens wird die rohe Hand
> Am Schönen sich vergreifen,
> Man kann den einen Diamant
> Nur mit dem andern schleifen.

3. Reimen sich der erste mit dem vierten und der zweite mit dem dritten Vers, spricht man vom Binnenreim:

> Er stieg empor, die Welt ward klein und kleiner,
> Und auf der Höhe, die wir nicht durch Schleichen,
> Die wir nur fliegend oder nie erreichen,
> Ward über ihm der Äther immer reiner.
> *(Friedrich Hebbel)*

4. Man kann auch nur wechselnd jeden dritten Vers miteinander reimen und die Verse dazwischen ohne Reim lassen. Wenn der Rhythmus der Verse ohne Reim zu denen mit Reim passt, dann

klingt das trotzdem wie ein gutes Gedicht. Manchmal kann man mit diesem kleinen Trick der Verlegenheit entgehen, einen Reim »fressen« zu müssen, der wenig Sinn macht und den bisherigen Gedankengang unterbricht. Auch hier ein Beispiel aus der unendlichen Schatzkammer der Spruchweisheiten:

> Ein Mühlstein und ein Menschenherz
> Werden stets herumgetrieben.
> Wo beides nichts zu mahlen hat,
> Wird beides selbst zerrieben.

5. Mehrere Verse – meist vier – bilden eine Strophe. Man kann aber auch ganz auf die Stropheneinteilung verzichten und einfach so viele Verse untereinander reihen, bis das Gedicht fertig ist. Also von mindestens zwei Versen mit einem Reimpaar bis zu unendlich vielen Versen ist alles möglich.

6. Jede Gedichtzeile hat einen Rhythmus, der sich aus der Anzahl und der Abfolge der betonten und unbetonten Silben ergibt. Man kann es sich einfach machen und dem eigenen Gefühl vertrauen. Sich reimende Verse brauchen einen übereinstimmenden, bzw. zueinanderpassenden Rhythmus. Sonst holpert der Vortragende, und es klingt nicht gut. Das merkt man gleich:

> Wenn du immer fleißig bleibst,
> Unweigerlich in der Schule gute Noten schreibst.

Man streiche das Wort »unweigerlich«, ersetze »in der Schule« zum Beispiel durch »beim Lehrer«, und schon stimmt der Rhythmus, und die Anzahl der betonten Silben ist gleich:

> Wenn du immer fleißig bleibst,
> Beim Lehrer gute Noten schreibst.

7. Flüssiger und elegant wird der Stil, wenn man einsilbige Reim-
   worte mit zwei- oder dreisilbigen abwechselt. Der Reiz liegt –
   wie stets – in der Abwechslung.

8. Und auch in der Dichtung gilt die Hauptregel aller Regelwerke:
   Keine Regel ohne Ausnahme.

Man lasse sich also weder durch Anfangsmühen entmutigen noch
durch die komplizierten Vorschriften der Metrik, wie der Literatur-
wissenschaftler die Lehre vom Rhythmus nennt. Was zählt, ist al-
lein der Spaß, den man beim Reimeschmieden selbst hat und den
die Zuhörer oder Leser der Gedichte haben sollen und hoffentlich
auch haben werden.

> Wer andern eine Freude macht,
> Mit selbstgemachten Reimen,
> Der hat sich mehr dabei gedacht,
> Und er will nicht schleimen.

Übrigens schreibt man bei gereimten Versen das erste Wort jeder
Zeile häufig groß, auch wenn es in einem normalen Satz nicht nötig
oder falsch wäre. Viele große Dichter der Weltliteratur haben es so
gemacht, andere nicht, wie man im nächsten Kapitel sehr schön
sieht. Wer selber Reime schmiedet, kann darüber selbst entscheiden.

Verse
für jede Gelegenheit

*

Rund ums Jahr

NEUJAHR UND SILVESTER

Neujahrswünsche

Jeder wünscht sich langes Leben,
Seine Kisten voller Geld,
Wiesen, Wälder, Äcker, Reben –
Klugheit, Schönheit, Ruhm der Welt,
Doch wenn alles würde wahr,
Was man wünscht zum neuen Jahr,
Dann erst wär es um die Welt,
Glaubt es, jämmerlich bestellt.

Lebten alle tausend Jahre,
Was gewönnen wir dabei?
Kahle Köpfe, graue Haare
Und das ew'ge Einerlei!
Im erschrecklichen Gedränge
Ungeheurer Menschenmenge
Würden Stadt und Dorf zu enge,
Und die ganze Welt zu klein.
Niemand könnte etwas erben,
Denn es würde keiner sterben;
Und wer möchte Doktor sein?

Wäre jedermann so reich,
Als wohl jeder wünscht zu werden:
Nun, dann würden wir auf Erden,
Uns, in Sorgen, alle gleich.
Da niemand des andern Bürde

Künftig auf sich laden würde,
Müsste jeglicher allein
Sein höchsteigner Diener sein;
Selber sein Paar Strümpfe stricken,
Möcht er nicht gern barfuß gehn;
Selber Rock und Hosen flicken
Möcht er nicht wie Adam stehn;
Müsste kochen, braten, backen,
Liebte er gesunde Kost.
Wäre er kein Freund vom Frost,
Müsst er selber Holz sich hacken.

Ständen alle ohne Mängel
Wir hienieden schon, als Engel,
O wie wär es böse Zeit
Für die liebe Geistlichkeit!
Wer denn könnte Pfarrer werden
In dem Himmel hier auf Erden,
Wenn der Laie besser wäre,
Als die Predigt, die er hört?
Nur wo nötig ist die Lehre,
Und sonst nirgends, hat sie Wert.
Advokaten gingen müßig;
Richter wären überflüssig;
Und Dragoner und Husaren,
Wären überflüss'ge Waren
Ach, in diesem Weltgetümmel
Wüchse wieder neue Not,
Denn es brächte unser Himmel
Manchen braven Mann ums Brot.

Wären alle Mädchen schön,
Und von außen und von innen,
Und vom Wirbel bis zum Zehn
Zauberische Huldgöttinnen:
Zu alltäglich, zu gemein
Würden schöne Mädchen sein;
Niemand würde auf sie blicken. –
Wäre alles Diamant,
Was jetzt Kiesel ist und Sand,
Niemand möchte sich drum bücken.

Jeder wünscht zum neuen Jahr!
Aber würde alles wahr,
Dann erst wär es um die Welt,
Glaubt es, jämmerlich bestellt!
Wollet Ihr die Welt verbessern,
(Bloße Wünsche tun es nie,
Spiele sinds der Phantasie!)
Wollet Ihr die Welt verbessern,
Fange jeder an bei sich,
Denn der Mittelpunkt der größern
Welt ist jeglichem sein Ich.
Dieses Ich wirft seine Strahlen,
Einer innern Sonne gleich,
Durch des Lebens weites Reich.
Wie es selber ist, so malen
Sich die Dinge klein und groß,
Prächtig oder farbenlos!

Heinrich Zschokke

Neujahrslied

Mit der Freude zieht der Schmerz
Traulich durch die Zeiten.
Schwere Stürme, milde Weste,
Bange Sorgen, frohe Feste
Wandeln sich zur Seiten.

Und wo eine Träne fallt,
Blüht auch eine Rose.
Schon gemischt, noch eh wirs bitten,
Ist für Thronen und für Hütten
Schmerz und Lust im Lose.

Wars nicht so im alten Jahr?
Wirds im neuen enden?
Sonnen wallen auf und nieder,
Wolken gehn und kommen wieder,
Und kein Wunsch wirds wenden.

Gebe denn, der über uns
Wägt mit rechter Waage,
Jedem Sinn für seine Freuden,
Jedem Mut für seine Leiden
In die neuen Tage,

Jedem auf des Lebens Pfad
Einen Freund zur Seite,
Ein zufriedenes Gemüte,
Und zu stiller Herzensgüte
Hoffnung ins Geleite!

Johann Peter Hebel

Zwei geistliche Silvesterlieder

Er ruft der Sonn und schafft den Mond,
das Jahr danach zu teilen.
Er schafft es, daß man sicher wohnt,
und heißt die Zeiten eilen.
Er ordnet Jahre, Tag und Nacht:
Auf, laß uns ihm, dem Gott der Macht,
Ruhm, Preis und Dank erteilen!

Herr, der da ist und der da war,
von dankerfüllten Zungen
sei dir für das verflossne Jahr
ein heilig Lied gesungen.
Für Leben, Wohlfahrt, Trost und Rat,
die uns durch dich gelungen.

Laß auch dies Jahr gesegnet sein,
das du uns neu gegeben.
Verleih uns Kraft, die Kraft ist dein,
in deiner Furcht zu leben.
Du schützest uns, und du vermehrst
der Menschen Glück, wenn sie zuerst
nach deinem Reiche streben.

Christian Fürchtegott Gellert

Verrauscht

Verrauscht ist nun der bunte Reigen
des Jahreslaufs mit Lust und Leid.
Doch Gottes ewge Sterne steigen
so tröstlich aus der Dunkelheit.
Und freundlich winkt aus blauen Höhen
der Abendstern in milder Pracht.
O Jahre kommen, Jahre gehen:
Der Herr hat alles wohl gemacht!

Karl Gerok

So wie es kam, so war es gut

Zur rechten Stunde strahlt die Sonne.
Zur rechten Zeit die Wolken ziehn.
Zur rechten Stunde kommt die Wonne,
zur rechten Zeit die Freuden fliehn.
Was dir die Zeit befiehlt, vollende
mit Kraft und unverdrossnem Mut,
und sieh, du sprichst zuletzt, am Ende:
So wie es kam, so war es gut!

Volkstümlich

Silvester-Spruch

Von Jahren zu Jahren
muss man viel Fremdes erfahren.
Du trachte, wie du lebst und leibst,
daß du nur immer derselbe bleibst.

Johann Wolfgang von Goethe

Was würden Sie tun, wenn Sie das neue Jahr regieren könnten?

Ich würde vor Aufregung wahrscheinlich
die ersten Nächte schlaflos verbringen
und darauf tagelang ängstlich und kleinlich
ganz dumme, selbstsüchtige Pläne schwingen.

Dann (hoffentlich) aber laut lachen
und endlich den lieben Gott abends leise
bitten, doch wieder nach seiner Weise
das neue Jahr göttlich selber zu machen.

Joachim Ringelnatz

Zum neuen Jahr

Ich wünsche euch zum neuen Jahr
des Himmels Segen immerdar
und zu der Erde Lust und Leid
stets Frieden und Zufriedenheit.

Friedrich Güll

Unterwegs

Und wieder hier draußen ein neues Jahr.
Was werden die Tage bringen?
Wirds werden, wie es immer war,
halb scheitern, halb gelingen!

Wirds fordern das, worauf ich gebaut,
oder vollends es verderben?
Gleichviel, was es im Kessel braut,
nur wünsch ich nicht zu sterben.

Ich möchte noch wieder im Vaterland
die Gläser klingen lassen
und wieder noch des Freundes Hand
im Einverständnis fassen.

Ich möchte noch wirken und schaffen und tun
und atmen eine Weile,
denn um im Grabe auszuruhn
hats nimmer Not und Eile.

Ich möchte leben, bis all dies Glühn
rücklässt einen leuchtenden Funken
und nicht vergeht wie die Flamm im Kamin,
die eben zu Asche gesunken.

Theodor Fontane

Neujahrswunsch

Wer redlich hält zu seinem Volke,
der wünsch ihm ein gesegnet Jahr!
Vor Mißwachs, Frost und Hagelwolke
behüt uns aller Engel Schar!

Und mit dem bang ersehnten Korne
und mit dem lang entbehrten Wein
bring uns dies Jahr in seinem Horne
das alte, gute Recht herein!

Man kann in Wünschen sich vergessen,
man wünschet leicht zum Überfluß.
Wir aber wünschen nicht vermessen,
wir wünschen, was man wünschen muss.

Denn soll der Mensch im Leibe leben,
so brauchet er sein täglich Brot,
und soll er sich zum Geist erheben,
so ist ihm seine Freiheit not.

Ludwig Uhland

Neujahrslied

Das alte Jahr vergangen ist,
das neue Jahr beginnt.
Wir danken Gott zu dieser Frist.
Wohl uns, daß wir noch sind!

Wir sehn aufs alte Jahr zurück
und haben neuen Mut:
Ein neues Jahr, ein neues Glück.
Die Zeit ist immer gut.

Ein neues Jahr, ein neues Glück.
Wir ziehen froh hinein.
Und: Vorwärts, vorwärts, nie zurück!
Soll unsre Losung sein.

August Heinrich Hoffmann von Fallersleben

Im neuen Jahre Glück und Heil

Im neuen Jahre Glück und Heil!
Auf Weh und Wunden gute Salben.
Auf groben Klotz ein grober Keil,
auf einen Schelmen anderthalben!

Johann Wolfgang von Goethe

Mit der Freude zieht der Schmerz

Mit der Freude zieht der Schmerz
traulich durch die Zeiten.
Schwere Stürme, milde Weste,
bange Sorgen, frohe Feste
wandeln sich zur Seiten.

Wars nicht so im alten Jahr?
Wirds im neuen enden?
Sonnen wallen auf und nieder,
Wolken gehn und kommen wieder,
und kein Wunsch wirds wenden!

Jedem auf dem Lebenspfad
einen Freund zur Seite,
ein zufriedenes Gemüte
und zu stiller Herzensgüte
Hoffnung ins Geleite!

Johann Peter Hebel

Ein neues Jahr

Ein neues Jahr! Tritt froh herein,
mit aller Welt in Frieden;
vergiss, wieviel der Plag und Pein
das alte Jahr beschieden!

Du lebst: Sei dankbar, froh und klug,
und wenn drei bösen Tagen
ein guter folgt, sei stark genug,
sie alle vier zu tragen.

Friedrich Wilhelm Weber

Zum neuen Jahr

Zum neuen Jahr ein neues Herze,
ein frisches Blatt im Lebensbuch.
Die alte Schuld sei ausgestrichen
und ausgetilgt der alte Fluch.
Zum neuen Jahr ein neues Herze,
ein frisches Blatt im Lebensbuch!
Zum neuen Jahr ein neues Hoffen!
Die Erde wird noch immer wieder grün.
Auch dieser März bringt Lerchenlieder.
Auch dieser Mai bringt Rosen wieder.
Auch dieses Jahr läßt Freuden blühn.
Zum neuen Jahr ein neues Hoffen.
Die Erde wird noch immer grün.

Karl von Gerok

Zu Neujahr

Will das Glück nach seinem Sinn
dir was Gutes schenken,
sage Dank und nimm es hin
ohne viel Bedenken.

Jede Gabe sei begrüßt,
doch vor allen Dingen:
Das, worum du dich bemühst,
möge dir gelingen.

Wilhelm Busch

Im neuen Jahr

Im neuen Jahr, im neuen Kleide,
auch rein und frisch die Hände beide,
gewaschen wie ein kleiner Fisch,
erschein ich heut beim Morgentisch
und rufe mit der Stimme klar:
Prosit! Glückselig neues Jahr!
Nun höret, was mein Mund verspricht
mit frohem Mut und Zuversicht:
So rein bis in das Herz hinein
will ich im ganzen Jahre sein,
damit zufrieden und beglückt
ihr gerne meine Hände drückt.

Isabella Braun

STERNSINGER UND DREIKÖNIGE

Dreikönigslied für ein Kind, das um Geld bittet

Ich bin ein kleiner König.
Ein Schilling ist mir zu wenig.
Laßt mich nicht so lange stehn,
in andre Häuser muss ich auch noch gehn!

Aus Österreich

Dreikönigslied für Kinder, die um Kuchen bitten

Wir hören den Ofen knacken,
die Kuchen sind gebacken:
Gebt uns ein Stücklein weißen,
wir wollen ihn schon beißen.

Schenkt uns ein Stücklein dicken,
wir wollen ihn schon verdrücken.
Und ist der Kuchen nicht geraten,
gebt uns ein Stückchen Schweinebraten.

Und ist der Hausherr auch zu Haus,
gibt er uns einen Kuchen raus.
Drei mal drei, um das Haus,
werft ein Stücklein Kuchen raus!

Aus dem Vogtland

Epiphaniasfest

Die Heilgen Drei König mit ihrem Stern,
sie essen, sie trinken und bezahlen nicht gern;
sie essen gern, sie trinken gern,
sie essen, trinken und bezahlen nicht gern.

Die Heilgen Drei König sind kommen allhier.
Es sind ihrer drei und sind nicht ihrer vier;
und wenn zu dreien der vierte wär,
so wär ein heilger drei König mehr.

Ich erster bin der weiß und auch der schön,
bei Tage solltet ihr erst mich sehn!
Doch ach, mit allen Spezerein
werd ich mein Tag kein Mädchen erfrein.

Ich aber bin der braun und bin der lang,
bekannt bei Weibern wohl und bei Gesang.
Ich bringe Gold statt Spezerein,
da werd ich überall willkommen sein.

Ich endlich bin der schwarz und bin der klein
und mag wohl einmal richtig lustig sein.
Ich esse gern, ich trinke gern.
Ich esse, trinke und bedanke mich gern.

Die Heilgen Drei König sind wohlgesinnt.
Sie suchen die Mutter und das Kind.
Der Joseph fromm sitzt auch dabei,
der Ochs und Esel liegen auf der Streu.

Wir bringen Myrrhen, wir bringen Gold.
Dem Weihrauch sind die Damen hold;
und haben wir Wein von gutem Gewächs,
so trinken wir drei so gut als ihrer sechs.

Da wir nun hier schöne Herren und Fraun,
aber keine Ochsen und Esel schaun,
so sind wir nicht am rechten Ort
und ziehn unseres Weges weiter fort.

Johann Wolfgang von Goethe

Dreikönigslieder für Kinder, die Gaben sammeln

Ich bin der kleine Pumpernick
und hab einen großen Sack,
und weil ich nichts darinnen hab,
drum bitt ich um eine Gab!

Aus Süddeutschland

Ein Dreikönigsspiel

Der Erste:
Wir sind die drei Könige aus dem Morgenland;
Wir kamen gegangen Hand in Hand.
Wir brachten Weihrauch und Myrrhen.
Ein Sternlein tat uns schön führen.

Die Drei:
Eia, Christkindlein!

Der Zweite:
Und als wir traten in Bethlehems Stall,
wir fanden Joseph und die Hirten all,
dazu Maria, die reine, mit einem
Heiligenscheine.

Die Drei:
Eia, Christkindlein!

Der Dritte:
Maria wiegte ihr Jesuskind zur Ruh',
und alle Hirtenbuben, die sangen dazu.
Sie sangen so selig, sie sangen so süße
wie Englein im Paradiese.

Die Drei:
Eia, Christkindlein!
Wir waren allesamt in den Tod verloren.
Hosianna! Heut ist uns der Heiland geboren!

Der Erste:
So lieblich ging ihre Weise.

Der Zweite:
Maria, die weinte leise.

Der Dritte:
Eia, Christkindlein!

Die Drei:
Nun wollen wir wieder daheime gehn,
denn wir haben den heiligen Christ gesehn,
Und wollen verkünden das liebe Kind
den Menschen, die noch im Finstern sind
daß sie ihre Sorgen und Sünden all
zum Opfer bringen in Bethlehems Stall,
Dann werden auch sie im Lichterschein
wie wir so selig und fröhlich sein!

Unbekannt

VALENTINSTAG

Das eine Höchste

Das eine Höchste,
was das Leben schmückt,
wenn sich ein Herz,
entzückend und entzückt,
dem Herzen schenkt
in süßen Selbstvergessen.

Friedrich Schiller

Ich liebe dich

Ich liebe dich, weil ich dich lieben muß
Ich liebe dich, weil ich nichts anders kann
Ich liebe dich nach einem Himmelschluß
Ich liebe dich durch einen Zauberbann.

Dich lieb' ich, wie die Rose ihren Strauch
Dich lieb' ich, wie die Sonne ihren Schein
Dich lieb' ich, weil du bist mein Lebenshauch
Dich lieb' ich, weil dich lieben ist mein Sein.

Friedrich Rückert

Ich habe dich so lieb!

Ich würde dir ohne Bedenken
eine Kachel aus meinem Ofen
Schenken.

Ich habe dir nichts getan.
Nun ist mir traurig zu Mut.
An den Hängen der Eisenbahn
Leuchtet der Ginster so gut.

Vorbei, verjährt, doch nimmer vergessen.
Ich reise.
Alles, was lange währt,
Ist leise.
Die Zeit entstellt
Alle Lebewesen.
Ein Hund bellt. Er kann nicht lesen. Er kann nicht
        schreiben.
Wir können nicht bleiben.
Ich lache.

Die Löcher sind die Hauptsache
An einem Sieb.
Ich habe dich so lieb.

Joachim Ringelnatz

Sei du der große Zeiger

Sei du der große Zeiger,
ich will der kleine sein;
so, weiß ich, bleib ich niemals
ein Stündlein ganz allein.

Du mußt urewig währen,
solang die Unruh schwingt,
zu ihm, der mit dir treulich
den Kranz der Tage schlingt.

Und macht dein rastlos Sputen
mir oft die Seele wund –
es rollen doch alle Minuten
zuletzt in meinen Grund.

Christian Morgenstern

Zwei Herzen

Wo liebend sich
zwei Herzen einen,
nur eins zu sein
in Freud und Leid,
da muß des Himmels Sonne scheinen
und heiter lächeln jede Zeit!

August Heinrich Hoffmann von Fallersleben

KARNEVAL UND FASCHING

Narrenzeit

O wär im Februar doch auch,
Wie's andrer Orten ist der Brauch,
Bei uns die Narrheit zünftig!
Denn wer, so lang das Jahr sich mißt,
Nicht einmal herzlich närrisch ist,
Wie wäre der zu andrer Frist
Wohl jemals ganz vernünftig.

Theodor Storm

Zur Fastnachtszeit

Und beut der Winter auch manche Leiden,
So will er doch nicht traurig scheiden:
Er bringt uns erst noch die Fastnachtszeit
Mit aller ihrer Lustigkeit.
Da gibt es Kurzweil mancherlei,
Musik und Tanz und Mummerei,
Pfannkuchen, Brezel, Kuchen und Weck',
Und Eier und Würste, Schinken und Speck.
Wir Kinder singen von Haus zu Haus
Und bitten uns eine Gabe aus,
Und machen's hinterdrein wie die Alten
Und wollen heuer auch Fastnacht halten.

August Heinrich Hoffmann von Fallersleben

Berliner Fasching

Nun spuckt sich der Berliner in die Hände
und macht sich an das Werk der Fröhlichkeit.
Er schuftet sich von Anfang bis zu Ende
durch diese Faschingszeit.

Da hört man plötzlich von den höchsten Stufen
der eleganten Weltgesellschaft längs
der Spree und den Kanälen lockend rufen:
»Rin in die Eskarpins!«

Und diese Laune, diese Grazie, weißte,
die hat natürlich alle angesteckt;
die Hand, die tagshindurch Satin verschleißte,
winkt ganz leschehr nach Sekt.

Die Dame faschingt so auf ihre Weise:
gibt man ihr einmal schon im Jahr Lizenz,
dann knutscht sie sich in streng geschlossnem Kreise,
fern jeder Konkurrenz.

Und auch der Mittelstand fühlts im Gemüte:
er macht den Bockbierfaßhahn nicht mehr zu,
umspannt das Haupt mit einer bunten Tüte
und rufet froh: »Juhu!«

Ja, selbst der Weise schätzt nicht nur die hehre
Philosophie: auch er bedarf des Weins!
Leicht angefüllt geht er bei seine Claire,
Berlin radaut, er lächelt ...
Jeder seins.

Kurt Tucholsky

Karneval

Auch uns, in Ehren sei's gesagt,
Hat einst der Karneval behagt,
Besonders und zu allermeist
In einer Stadt, die München heißt.
Wie reizend fand man dazumal
in menschenwarmes Festlokal,
Wie fleißig wurde über Nacht
Das Glas gefüllt und leer gemacht.
Und gingen wir im Schnee nach Haus,
War grad die frühe Messe aus,
Dann können gleich die frömmsten Frau'n
Sich negativ an uns erbau'n.

Die Zeit verging, das Alter kam,
Wir wurden sittsam, wurden zahm.
Nun sehn wir zwar noch ziemlich gern
Die Sach' uns an, doch nur von fern
(Ein Auge zu, Mundwinkel schief)
Durchs umgekehrte Perspektiv.

Wilhelm Busch

OSTERN

Kommt herbei!

Kommt herbei!
Suchen wir das Osterei.
Immerfort,
hier und dort
und an jedem Ort.
Ist es noch so gut versteckt,
endlich wird es doch entdeckt.
Hier ein Ei,
dort ein Ei,
bald sinds zwei und drei.

Volkstümlich

Henne oder Ei?

Die Gelehrten und die Pfaffen
streiten sich mit viel Geschrei,
was hat Gott zuerst erschaffen
wohl die Henne, wohl das Ei!
Wäre das so schwer zu lösen
erstlich ward ein Ei erdacht,
doch weil noch kein Huhn gewesen
darum hat's der Has gebracht!

Eduard Mörike

Auf ein Ei geschrieben

Ostern ist zwar schon vorbei,
Also dies kein Osterei.
Doch wer sagt, es sei kein Segen,
Wenn im Mai die Hasen legen?
Aus der Pfanne, aus dem Schmalz
Schmeckt ein Eilein jedenfalls.
Und kurzum, mich tät's gaudieren,
Dir dies Ei zu präsentieren.
Und zugleich tät es mich kitzeln,
Dir ein Rätsel drauf zu kritzeln.
Die Sophisten und die Pfaffen
Stritten sich mit viel Geschrei:
Was hat Gott zuerst erschaffen,
Wohl die Henne? wohl das Ei?
Wäre das so schwer zu lösen?
Erstlich ward ein Ei erdacht:

Doch weil noch kein Huhn gewesen,
Schatz, so hat's der Has gebracht.

Eduard Mörike

Fröhliche Ostern!

Da seht aufs Neue, dieses alte Wunder:
Der Osterhase kakelt wie ein Huhn
und fabriziert dort unter dem Holunder
ein Ei und noch ein Ei und hat zu tun.
Und auch der Mensch reckt frohbewegt die Glieder
er zählt die Kinderchens: eins, zwei und drei...
Ja, was errötet denn die Gattin wieder?
Ei, ei, ei

ei, ei

ei!
Der fleißige Kaufherr aber packt die Ware
ins pappne Ei zum besseren Konsum:
Ein seidnes Schupftuch; Nadeln für die Haare,
die Glitzerbrosche und das Riechparfum.
Das junge Volk, so Mädchen wie die Knaben,
sucht die voll Sinn versteckte Leckerei.
Man ruft beglückt, wenn sie's gefunden haben:
Ei, ei, ei

ei, ei

ei!
Und Hans und Lene steckens in die Jacke,
das liebe Osterei – wen freut das nicht?
Glatt, wohlfeil, etwas süßlich im Geschmacke
und ohne jedes innre Gleichgewicht.
Die deutsche Politik... Was soll ich sagen?
Bei uns zu Lande ist das einerlei
und kurz und gut: Verderbt euch nicht den Magen!
Vergnügtes Fest! Vergnügtes Osterei!

Kurt Tucholsky

Osterhas'

Schaut, wer sitzt denn dort im Gras?
Das ist ja der Osterhas'!
Guckt mit seinem langen Ohr
aus dem grünen Nest hervor,
hüpft mit seinem schnellen Bein
über Stock und über Stein.
Kommt, ihr Kinder, kommt und schaut,
schon hat er das Nest gebaut!
Ei so fein von Gras und Heu
und so lind von Moos und Spreu.
Lasst uns schauen, was liegt im Nest
so rund und glatt und fest:
Eier, blau und grün und scheckig,
Eier, rot und gelb und fleckig!
Häslein in dem grünen Wald,
ich hab' dich lieb und dank dir halt,
Häslein mit den langen Ohr,
dank dir tausendmal davor!
Häslein mit dem schnellen Bein,
sollst recht schön bedanket sein!
Nächste Ostern bringt die Mutter
wieder dir ein gutes Futter,
daß du möchtest unsertwegen
wieder soviel Eier legen.

Friedrich Güll

Die Sonne geht im Osten auf

Die Sonne geht im Osten auf,
der Osterhas' beginnt den Lauf.
Um seinen Korb voll Eier sitzen
drei Häslein, die die Ohren spitzen.

Der Osterhas' bringt just ein Ei
da fliegt ein Schmetterling herbei.
Dahinter strahlt das blaue Meer
mit Sandstrand vorne und umher.

Der Osterhas' ist eben fertig
das Kurtchen auch schon gegenwärtig!
Nesthäkchen findet – eins, zwei, drei,
ein rot' , ein blau' , ein lila Ei.

Ein Ei in jedem Blumenkelche!
Seht, seht, selbst hier,
selbst dort sind welche!

Ermüdet leicht im Morgenschein
schlief Kurtchen auf der Wiese ein.
Die Glocken läuten bim, bam, baum
und Kurtchen lächelt zart im Traum.

Di di didl dum dei,
wir tanzen mit unsern Hasen
umgefasst, zwei und zwei,
auf schönem, grünen Rasen.

Christian Morgenstern

Osterhäslein

Drunten an der Gartenmauer
hab' ich sehn das Häslein lauern.
Eins, zwei, drei: Legt's ein Ei,
lang wird's nimmer dauern.
Kinder lasst uns niederducken!
Seht ihr's ängstlich um sich gucken?
Ei, da hüpft's und da schlüpft's
durch die Mauerlucken.
Und nun sucht in allen Ecken,
wo die schönsten Eier stecken,
rot und blau und grün und grau
und mit Marmorflecken.

Friedrich Güll

Alte Ostersprüche

Stieb stieb Osterei,
ich bitte um ein Kakel-Ei.
Gibst du mir kein Kakel-Ei,
stieb ich dir den Rock entzwei.

Aus Preußen

Österlicher Kettenreim

Mein Vater kaufte sich ein Haus.
An dem Hause war ein Garten.
In dem Garten war ein Baum.
Auf dem Baum war ein Nest.
In dem Nest war ein Ei.
In dem Ei war ein Dotter.
Im Dotter war ein Osterhase,
der beißt dich in die Nase.

Volksgut

An den Osterhasen

Osterhas, Osterhas,
leg uns recht viel Eier ins Gras,
trag sie in die Hecken,
tu sie gut verstecken,

leg uns lauter rechte,
leg uns keine schlechte,
lauter bunte, unten und oben,
dann wollen wir dich bis Pfingsten loben!

Viktor Blüthgen

Der Osterhase

Ein Fingerspiel für die Allerkleinsten

Fünf Männlein sind in den Wald gegangen,
die wollten den Osterhasen fangen.

Der erste, der war
so dick wie ein Fass,
der brummte immer:
Wo ist der Has,
wo ist der Has?

Der zweite sagte:
Da sitzt er ja!

Der dritte, der lange,
der wurde gar bange
und fing an zu weinen:
Ich sehe keinen!

Der vierte, der sagte:
Das ist mir zu dumm,
ich kehr wieder um!

Der Kleinste aber,
wer hätts gedacht,
der hat den Hasen
nach Haus gebracht!

Volkstümlich

Lied des Osterhasen

Man nennt mich Osterhase.
Warum? Das weiß ich nicht.
Ich stecke meine Nase
so gern ins Osterlicht.

Vielleicht, daß man mich deshalb
den Osterhasen nennt.
Ich lauf und weiß nicht,
weshalb die Sehnsucht mit mir rennt.

Unbekannt

Ich gebe dir ein Osterei

Ich gebe dir ein Osterei
als kleines Angedenken,
und wenn du es nicht haben willst,
so kannst du es verschenken.

Volksgut

Oster-Ei

Ich schenke dir
ein Oster-Ei.
Wenn dus zerbrichst,
so hast du zwei.

Volksgut

Ostereier-Reime

Dies Eichen aus dem Hühnernest,
das schenk ich dir zum Osterfest.
Aus Lieb und Treu
schenk ich dir dieses Osterei.
Brichst du das Osterei entzwei,
so ist unsre Lieb vorbei.
Der Hahn ist bunt, das Ei ist rund.
Der liebe Gott lass das Huhn gesund,
daß es kann legen die Eier so rund.

Aus Preußen

Osterlied

Lerchenjubel überm Ried,
Glück in allen Landen!
Neu das Herz und neu das Lied,
neu die Welt erstanden!

Lichte Blätterfahnen wehn,
Frühlingswinde locken,
und von Turm zu Turme gehn
Auferstehungsglocken.

Blumen leuchten allerwärts
aus der Knospen Banden.
Neu das Lied und neu das Herz,
neu die Welt erstanden!

Frida Schanz

FRÜHLING

Sehnsucht nach dem Frühling

O wie ist es kalt geworden
und so traurig, öd und leer!
Rauhe Winde wehn von Norden,
und die Sonne scheint nicht mehr.

Auf die Berge möcht ich fliegen,
möchte sehn ein grünes Tal,
möcht in Gras und Blumen liegen
und mich freun am Sonnenstrahl.

Möchte hören die Schalmeien
und der Herden Glockenklang,
möchte freuen mich im Freien
an der Vögel süßem Sang.

Schöner Frühling, komm doch wieder,
lieber Frühling, komm doch bald,
bring uns Blumen, Laub und Lieder,
schmücke wieder Feld und Wald!

Ja, du bist uns treu geblieben,
kommst nun bald in Pracht und Glanz,
bringst nun bald all deinen Lieben
Sang und Freude, Spiel und Tanz.

August Heinrich Hoffmann von Fallersleben

Frühlings Ankunft

Der Lenz ist angekommen.
Habt ihr es nicht vernommen?
Es sagens euch die Blümelein,
es singens euch die Vögelein:

Der Lenz ist angekommen.
Ihr seht es an den Feldern.
Ihr seht es an den Wäldern.
Der Kuckuck ruft, der Finke schlägt.
Es jubelt, was sich froh bewegt:
Der Lenz ist angekommen.

Hier Blümlein auf der Heide,
dort Schäflein auf der Weide.
Ach, seht doch, wie sich alles freut!
Es hat die Welt sich schön erneut.
Der Lenz ist angekommen.

nach Christian August Vulpius

Bei schlechtem Frühjahrswetter aufzusagen

Liebe liebe Sonne,
Butter in der Tonne,
Mehl in den Sack!
Schließ das Tor des Himmels auf!
Liebe Sonne, komm heraus!

Volksgut

Alle Vögel sind schon da

Alle Vögel sind schon da,
alle Vögel, alle!
Welch ein Singen, Musiziern,
Pfeifen, Zwitschern, Tiriliern!
Frühling will nun einmarschiern,
kommt mit Sang und Schalle.

Wie sie alle lustig sind,
flink und froh sich regen!
Amsel, Drossel, Fink und Star
und die ganze Vogelschar
wünschet dir ein frohes Jahr,
lauter Heil und Segen.

Was sie uns verkünden nun,
nehmen wir zu Herzen:
Wir auch wollen lustig sein,
lustig wie die Vögelein,
hier und dort, feldaus, feldein
singen, springen, scherzen!

August Heinrich Hoffmann von Fallersleben

Jetzt fängt das schöne Frühjahr an

Jetzt fangt das schöne Frühjahr an,
und alles fängt zu blühen an
auf grüner Heid und überall.

Es blühn die Blumen auf dem Feld,
sie blühen weiß, blau, rot und gelb,
grad wie es meinem Schatz gefällt.

Volkslied

Frühlingsglaube

Die linden Lüfte sind erwacht,
sie säuseln und weben Tag und Nacht,
sie schaffen an allen Enden.
O frischer Duft, o neuer Klang!
Nun, armes Herze, sei nicht bang!
Nun muss sich alles, alles wenden.
Die Welt wird schöner mit jedem Tag.
Man weiß nicht, was noch kommen mag.
Das Blühen will nicht enden.
Es blüht das fernste, tiefste Tal.
Nun, armes Herz, vergiß der Qual!
Nun muss sich alles, alles wenden.

Ludwig Uhland

Lob des Frühlings

Saatengrün, Veilchenduft,
Lerchenwirbel, Amselschlag,
Sonnenregen, linde Luft!
Wenn ich solche Worte singe,
braucht es dann noch großer Dinge,
dich zu preisen, Frühlingstag?

Ludwig Uhland

Frühlingsgruß

Leise zieht durch mein Gemüt
liebliches Geläute.
Klinge, kleines Frühlingslied,
kling hinaus ins Weite!

Kling hinaus bis an das Haus,
wo die Blumen sprießen.
Wenn du eine Rose schaust,
sag, ich laß sie grüßen.

Heinrich Heine

Er ist's

Frühling läßt sein blaues Band
wieder flattern durch die Lüfte.
Süße, wohlbekannte Düfte
streifen ahnungsvoll das Land.
Veilchen träumen schon,
wollen balde kommen.
Horch! Von fern ein leiser Harfenton!
Frühling, ja du bists!
Dich hab ich vernommen.

Eduard Mörike

Frühlingslied

Die Luft ist blau, das Tal ist grün.
Die kleinen Maienglocken blühn
und Schlüsselblumen drunter.
Der Wiesengrund
ist schon so bunt
und malt sich täglich bunter.

Drum komme, wem der Mai gefällt,
und freue sich der schönen Welt
und Gottes Vatergüte,
die solche Pracht
hervorgebracht,
den Baum und seine Blüte.

Ludwig Heinrich Christoph Hölty

SOMMER

Ein Fischlein

Ein Fischlein steht im kühlen Grund,
Durchsichtig fließen die Wogen;
Und senkrecht ob ihm hat sein Rund
Ein schwebender Falk gezogen.

Der ist so klein und fern zu sehn,
Ein Punkt im blauen Dome;
Er sieht das Fischlein ruhig stehn,
Glänzend im tiefen Strome.

Und dieses auch hinwieder sieht
Ins Blaue durch seine Welle –
Ich glaube gar, die Sehnsucht zieht
Eins an des anderen Stelle!

Wenn man so frei, so kühl, so hoch
Wie ein Fisch oder Falk kann schweben,
Dann ist am End dies Sehnen noch
Der beste Teil am Leben!

Doch wer mit lahm gebognem Knie
Wie ein Wurm im Staub muß liegen,
Der zähme seine Phantasie,
Lern' schwimmen erst oder fliegen!

Gottfried Keller

Sommer

Ihr singt von schönen Frühlingstagen,
Von Blütenduft und Sonnenschein,
Ich will nichts nach dem Frühling fragen,
Nein Sommer, Sommer muss es sein.

Wo alles drängt und sich bereite
Auf einen goldnen Erntetag,
Wo jede Frucht sich schwellt und weitet
Und schenkt, was Süsses in ihr lag.

Auch ich bin eine herbe, harte,
Bin eine Frucht, die langsam reift.
O Glut des Sommers, komm! Ich warte,
Daß mich dein heisser Atem streift.

Gustav Falke

Komm, sage mir, was du für Sorgen hast

In eines Holzes Duft lebt fernes Land.
Gebirge schreiten durch die blaue Luft.
Ein Windhauch streicht wie Mutter deine Hand.
Und eine Speise schmeckt nach Kindersand.
Die Erde hat ein freundliches Gesicht,
So gross, daß man's von weitem nur erfasst.
Komm, sage mir, was du für Sorgen hast.
Reich willst du werden? – Warum bist du's nicht?

Joachim Ringelnatz

Sommernacht

Die Sterne blühten in der Sommernacht,
Der Südwind war im Bäumicht fromm erwacht.
Des Mondes Zitterstrahlen flossen weiß
Auf alt Gebäu, die Schwäne schlossen leis
Das Aug, hinschwimmend auf der dunkeln Gracht.
Die Sterne blühten hell in Funkelpracht.

Wir zogen träumend durch die Gassen hin.
– Mich tröstet's noch, nun ich verlassen bin. –
In Schlummer lag die Stadt und still der Plan,
Der Mond zog langsam hin die Silberbahn,
Dann ging's über die alte Brücke dort.
– Erinnrung bringt so treu zurück den Ort! –

»Suchst einen Fels du, der dich schützen mag?
O, kann mein Arm dich denn nicht stützen, sag?
Suchst eine Brust du, warm voll Schmerzensmut?
O, still an meiner deine Herzensglut.
Suchst eine Seele du, die zu dir spricht:
,Erwach vom Tod!' hier meine tu' die Pflicht.«

Manch Jahr ging hin nach jener Sommernacht.
Ein Lüftchen ist im Bäumicht fromm erwacht.
Die Augen seh ich, blau, im Sternenlicht,
Die stille Stadt, gleichwie im Ferngesicht.
Das Wort, das seine Liebe sprach, die Nacht,
Ich hör' es noch im Grabe nach . . . ganz sacht.

Hélène Swarth

Sommerbild

Ich sah des Sommers letzte Rose stehn,
Sie war, als ob sie bluten könnte, rot
Da sprach ich schaudernd im Vorübergehn:
So weit im Leben, ist zu nah dem Tod!
Es regte sich kein Hauch am heißen Tag,
Nur leise strich ein weißer Schmetterling;
Doch, ob auch kaum die Luft sein Flügelschlag
bewegte, sie empfand es und verging.

Christian Friedrich Hebbel

Der Sommer

Das Erntefeld erscheint, auf Höhen schimmert
Der hellen Wolke Pracht, indes am weiten Himmel
In stiller Nacht die Zahl der Sterne flimmert,
Groß ist und weit von Wolken das Gewimmel.

Die Pfade gehn entfernter hin, der Menschen Leben,
Es zeigt sich auf Meeren unverborgen,
Der Sonne Tag ist zu der Menschen Streben
Ein hohes Bild, und golden glänzt der Morgen.

Mit neuen Farben ist geschmückt der Gärten Breite,
Der Mensch verwundert sich, daß sein Bemühn
        gelinget,
Was er mit Tugend schafft, und was er hoch vollbringet,
Es steht mit der Vergangenheit in prächtigem Geleite.

Friedrich Hölderlin

Sommer

Singe, meine liebe Seele,
Denn der Sommer lacht.
Alle Farben sind voll Feuer,
Alle Wett ist eine Scheuer,
Alle Frucht ist aufgewacht.
Singe, meine liebe Seele,
Denn das Glück ist da.
Zwischen Aehren, welch ein Schreiten!
Flimmernd tanzen alle Weiten,
Gott singt selbst Hallelujah.

Otto Julius Bierbaum

Mein Herz steht bis zum Hals im gelben Erntelicht

Mein Herz steht bis zum Hals in gelbem
     Erntelicht wie
unter Sommerhimmeln schnittbereites Land.
Bald läutet durch die Ebenen Sichelsang: mein Blut
lauscht tief mit Glück gesättigt in den Mittagsbrand.
Kornkammern meines Lebens, lang verödet, alle eure
Tore sollen nun wie Schleusenflügel offen stehn,
Über euern Grund wird wie Meer die goldne Flut der
Garben gehn.

Ernst Stadler

Sommer

Sieh, wie sie leuchtet,
Wie sie üppig steht,
Die Rose –
Welch satter Duft zu dir hinüberweht!
Doch lose
Nur haftet ihre Pracht –
Streift deine Lust sie,
Hältst du über Nacht
Die welken Blätter in der heißen Hand …
Sie hatte einst den jungen Mai gekannt
Und muß dem stillen Sommer nun gewähren –
Hörst du das Rauschen goldener Ähren?
Es geht der Sommer über's Land …

Thekla Lingen

Sommerbild

Ich sah des Sommers letzte Rose stehn,
Sie war, als ob sie bluten könne, rot;
Da sprach ich schaudernd im Vorübergehn:
So weit im Leben ist zu nah am Tod!

Es regte sich kein Hauch am heißen Tag,
Nur leise strich ein weißer Schmetterling;
Doch ob auch kaum die Luft sein Flügelschlag
Bewegte, sie empfand es und verging.

Friedrich Hebbel

HERBST

Septembermorgen

Im Nebel ruhet noch die Welt,
Noch träumen Wald und Wiesen:
Bald siehst du, wenn der Schleier fällt,
Den blauen Himmel unverstellt,
Herbstkräftig die gedämpfte Welt
In warmem Golde fließen.

Eduard Mörike

Wie bald des Sommers holdes Fest verging

Wie bald des Sommers holdes Fest verging!
Rau weht der Herbst; wird's denn auch Frühling
    wieder?
Da fällt ein bleicher Sonnenstrahl hernieder
Komm, lass uns spielen, weißer Schmetterling!

Ach, keine Nelke, keine Rose mehr;
Am Himmel fährt ein kalt Gewölk daher!
Weh, wie so bald des Sommers Lust verging
O komm! Wo bist du, weißer Schmetterling?

Theodor Storm

Herbststimmung

Es wird schon recht bedenklich kühle,
Und schwächlich sind die Sonnenstrahlen,
Die zitternd auf dem Bürgersteige
Fast buttergelbe Kringel malen.

Das Laub wird täglich gelb und gelber;
Allmählich fällt es von den Bäumen,
Und jeder, der nur halb gebildet,
Muß Angesichtes dessen träumen.

Das Alter naht im raschen Laufe,
Und alles Sträuben ist vergebens;
Die Haare bleichen und verschwinden.
So ist Natur ein Bild des Lebens.

Ja, ja, es füllen sich die Herzen
Mit sonderbarer Todesahnung.
Und was wir in den Straßen sehen,
Ist auch nur eine leise Mahnung.

Die Witwen kommen von den Gräbern,
Die sie mit aller Liebe schmückten,
Man sieht die Spuren ihrer Tränen,
Die sie im schönen Aug' zerdrückten.

Man fühlt beim Anblick solcher Szenen
Den ganzen Frost der Lebenslage,
Und die verhängnisvolle Kürze
Der uns beschiednen Erdentage.

Ludwig Thoma

Im Herbst

Der schöne Sommer ging von hinnen,
Der Herbst, der reiche, zog ins Land.
Nun weben all die guten Spinnen
So manches feine Festgewand.

Sie weben zu des Tages Feier
Mit kunstgeübtem Hinterbein
Ganz allerliebste Elfenschleier
Als Schmuck für Wiese, Flur und Hain.

Ja, tausend Silberfäden geben
Dem Winde sie zum leichten Spiel,
Sie ziehen sanft dahin und schweben
Ans unbewußt bestimmte Ziel.

Sie ziehen in das Wunderländchen,
Wo Liebe scheu im Anbeginn,
Und leis verknüpft ein zartes Bändchen
Den Schäfer mit der Schäferin.

Wilhelm Busch

Herbstgefühl

Fetter grüne, du Laub,
Am Rebengeländer
Hier mein Fenster herauf!

Gedrängter quellet,
Zwillingsbeeren, und reifet
Schneller und glänzend voller!

Euch brütet der Mutter Sonne Scheideblick,
Euch umsäuselt des holden Himmels
Fruchtende Fülle;

Euch kühlet des Mondes
Freundlicher Zauberhauch,
Und euch betauen, ach!

Aus diesen Augen
Der ewig belebenden Liebe
Vollschwellende Tränen.

Johann Wolfgang von Goethe

Der fliegende Robert

Wenn der Regen niederbraust,
Wenn der Sturm das Feld durchsaust,
Bleiben Mädchen oder Buben
Hübsch daheim in Ihren Stuben.

Robert aber dachte: Nein!
Das muss draußen herrlich sein!
Und im Felde patschet er
Mit dem Regenschirm umher.

Hui wie pfeift der Sturm und keucht,
Daß der Baum sich niederbeugt!
Seht! Den Schirm erfasst der Wind,
Und der Robert fliegt geschwind

Durch die Luft so hoch, so weit;
Niemand hört ihn, wenn er schreit.
An die Wolken stößt er schon,
Und der Hut fliegt auch davon.

Schirm und Robert fliegen dort
Durch die Wolken immer fort.
Und der Hut fliegt weit voran,
Stößt zuletzt am Himmel an.

Wo der Wind sie hingetragen,
Ja, das weiß kein Mensch zu sagen.

Heinrich Hoffmann

Herbst

Eine trübe, kalt feuchte Wagenspur:
Das ist die herbstliche Natur.
Sie hat geleuchtet, geduftet, und trug
Ihre Früchte. Nun, ausgeglichen,
Hat sie vom Kämpfen und Wachsen genug.

Scheint's nicht, als wäre alles Betrug
Gewesen, was ihr entwichen?
Das Händesinken in den Schoß,
Das Zweifeln am eignen, an allem Groß,

Das Unbunte und Leise,
Das ist so schön, daß es wiederjung
Beginnen kann, wenn Erinnerung
Es nicht klein machte, sondern weise.

Ein Nebel blaut über das Blätterbraun,
Das zwischen den Bäumen den Boden bedeckt.
Wenn ihr euren Herbst entdeckt:
Dann seid darüber nicht traurig, ihr Frauen.

Joachim Ringelnatz

Die Blätter fallen

Die Blätter fallen, fallen wie von weit,
als welkten in den Himmeln ferne Gärten;
sie fallen mit verneinender Gebärde.
Und in den Nächten fällt die schwere Erde
aus allen Sternen in die Einsamkeit.

Wir alle fallen. Diese Hand da fällt.
Und sieh dir andre an: es ist in allen.

Und doch ist Einer, welcher dieses Fallen
unendlich sanft in seinen Händen hält.

Rainer Maria Rilke

WINTER

Alles still!

Alles still! Es tanzt den Reigen
Mondenstrahl in Wald und Flur,
Und darüber thront das Schweigen
Und der Winterhimmel nur.

Alles still! Vergeblich lauschet
Man der Krähe heisrem Schrei.
Keiner Fichte Wipfel rauschet,
Und kein Bächlein summt vorbei.

Alles still! Die Dorfeshütten
Sind wie Gräber anzusehn,
Die, von Schnee bedeckt, inmitten
Eines weiten Friedhofs stehn.

Alles still! Nichts hör ich klopfen
Als mein Herze durch die Nacht
Heiße Tränen niedertropfen
Auf die kalte Winterpracht.

Theodor Fontane

Altes Kaminstück

Draußen ziehen weiße Flocken
Durch die Nacht, der Sturm ist laut;
Hier im Stübchen ist es trocken,
Warm und einsam, stillvertraut.

Sinnend sitz ich auf dem Sessel,
An dem knisternden Kamin,
Kochend summt der Wasserkessel
Längst verklungne Melodien.

Und ein Kätzchen sitzt daneben,
Wärmt die Pfötchen an der Glut;
Und die Flammen schweben, weben,
Wundersam wird mir zu Mut.

Heinrich Heine

Winter ade!

Winter ade!
Scheiden tut weh.
Aber dein Scheiden macht,
Daß mir das Herze lacht!
Winter ade!
Scheiden tut weh.

Winter ade!
Scheiden tut weh.
Gerne vergess ich dein,

Kannst immer ferne sein.
Winter ade!
Scheiden tut weh.

Winter ade!
Scheiden tut weh.
Gehst du nicht bald nach Haus,
Lacht dich der Kuckkuck aus!
Winter ade!
Scheiden tut weh.

Heinrich Hoffmann von Fallersleben

Winter

Die Kälte kann wahrlich brennen
Wie Feuer. Die Menschenkinder
Im Schneegestöber rennen
Und laufen immer geschwinder.

Oh, bittre Winterhärte!
Die Nasen sind erfroren,
Und die Klavierkonzerte
Zerreißen uns die Ohren.

Weit besser ist es im Summer,
Da kann ich im Walde spazieren,
Allein mit meinem Kummer,
Und Liebeslieder skandieren.

Heinrich Heine

VON MONAT ZU MONAT

JANUAR

Wohin man schaut, nur Schnee und Eis,
Der Himmel grau, die Erde weiß;
Hei, wie der Wind so lustig pfeift,
Hei, wie er in die Backen kneift!
Doch meint er's mit den Leuten gut,
Erfrischt und stärkt, macht frohen Mut.
Ihr Stubenhocker, schämet euch.
Kommt nur heraus, tut es uns gleich.
Bei Wind und Schnee auf glatter Bahn,
Da hebt erst recht der Jubel an!

Robert Reinick

FEBRUAR

O wär im Februar doch auch,
Wie's andrer Orten ist der Brauch
Bei uns die Narrheit zünftig!
Denn wer, so lang das Jahr sich misst,
Nicht einmal herzlich närrisch ist,
Wie wäre der zu andrer Frist
Wohl jemals ganz vernünftig.

Theodor Storm

MÄRZ

Ah! Wie die buttergelbe Sonne
Uns wärmend durch die Poren dringt!
Wie neu erwachte Frühlingswonne
Uns das vergrämte Herz beschwingt!
Dem wintermüden Menschentume
Erheitert ihr die Phantasie,
Schneeglöckchen, Veilchen, Schlüsselblume
Und was auf Wiesen sonst gedieh!
Im Mistbeet herrscht ein reges Leben;
Das drängt sich an das helle Licht
Und will uns bald Gemüse geben,
Will Zutat sein zum Leibgericht.
Und wie sich froh den Hühnersteißen
Entringt das liebe Osterei!
So mag sich die Natur befleißen,
Daß sie nebst schön auch schmackhaft sei.
Das Starkbier regelt dann die Stühle,
Wenn Hertling spricht, ist's ebenso,
Man sitzt im Frühlingslustgefühle
Und wird im Sitzen lebensfroh.

Ludwig Thoma

APRIL

Was kümmert's dich in deinen Wolken droben,
Du launischer April,
Ob wir dich tadeln, oder loben?
Ein großer Herr tut meistens, was er will.
Auch halten wir geduldig still,
Und leiden, was wir leiden müssen.
Gib uns zuweilen nur ein wenig Sonnenschein,
Damit wir dessen uns erfreun:
Dann magst du wiederum mit Schnee und
      Regengüssen,
Mit Sturm und Blitz und Hagel dir
Bei Tag und Nacht die Zeit vertreiben!
In unsrer kleinen Wirtschaft hier
Soll dennoch gutes Wetter bleiben.

Johann Georg Jacobi

MAI

Im wunderschönen Monat Mai,
Als alle Knospen sprangen,
Da ist in meinem Herzen
Die Liebe aufgegangen.
Im wunderschönen Monat Mai,
Als alle Vögel sangen,
Da hab ich ihr gestanden
Mein Sehnen und Verlangen.

Heinrich Heine

JUNI

Juni streift mit warmer Hand
letzte Blüten von den Bäumen.
Wie enttaucht verwelkten Träumen,
schaut aus dunkler Blätterwand
junge Frucht in lichtes Land.

Fridolin Hofer

JULI

Nun ist es Sommer den ganzen Tag,
Den ganzen Tag man nur küssen mag,
Und alle die Rosen, die müssen
Satt duften zu unseren Füssen.

Nun bleibt es Sommer den ganzen Tag,
Den ganzen Tag ich im Himmel lag,
Dort tat man sich paarweise küssen
Und satt lag die Erde zu Füssen.

Nun ist es Sommer Nacht und Tag,
Und Nacht und Tag man nur küssen mag;
Von allen heissen Genüssen
Ist Anfang und Ende das Küssen.

Max Dauthendey

AUGUST

Die verehrlichen Jungen, welche heuer
Meine Äpfel und Birnen zu stehlen gedenken,
Ersuche ich höflichst, bei diesem Vergnügen
Womöglich in so weit sich zu beschränken,
Daß sie daneben auf den Beeten
Mir die Wurzeln und Erbsen nicht zertreten.

Theodor Storm

SEPTEMBER

Septembermorgen

Im Nebel ruhet noch die Welt,
Noch träumen Wald und Wiesen:
Bald siehst du, wenn der Schleier fällt,
Den blauen Himmel unverstellt,
Herbstkräftig die gedämpfte Welt
In warmem Golde fließen.

Eduard Mörike

OKTOBER

Zaudernde Nebel gehen ums Haus,
Der Herbsttag kleidet die Bäume aus.
Werde nicht bang, Geliebte mein,
Die Liebe schläft nicht mit den Bäumen ein.
Verlöschen im Garten die Blumen wie Funken,
Sind die Gärten wie Spuk versunken,
Werden die Tage dunkel und scheuer,
Dir wächst in meiner Kammer unersättliches Feuer.
In langen Nächten küsst es sich gut,
Verliebte haben den Sommer im Blut.

Max Dauthendey

NOVEMBER

Novembertag

Nebel hängt wie Rauch ums Haus,
drängt die Welt nach innen;
ohne Not geht niemand aus;
alles fällt in Sinnen.

Leiser wird die Hand,
der Mund, stiller die Gebärde.
Heimlich, wie auf Meeresgrund
träumen Mensch und Erde.

Christian Morgenstern

DEZEMBER

Harter Winter, streng und rauch,
Winter, sei willkommen!
Nimmst du viel, so gibst du auch,
Das heißt nichts genommen!
Zwar am Äußern übst du Raub,
Zier scheint dir geringe,
Eis dein Schmuck und fallend Laub
Deine Schmetterlinge,
Rabe deine Nachtigall,
Schnee dein Blütenstäuben,
Deine Blumen, traurig all'
Auf gefror'nen Scheiben.
Doch der Raub der Formenwelt
Kleidet das Gemüte,
Wenn die äußere zerfällt,
Treibt das Inn're Blüte.
Die Gedanken, die der Mai
Locket in die Weite,
Flattern heimwärts kältescheu
Zu der Feuerseite.

Sammlung, jene Götterbraut,
Mutter alles Großen,
Steigt herab auf deinen Laut,
Segenübergossen.
Und der Busen fühlt ihr Weh'n,
Hebt sich ihr entgegen,
Lässt in Keim und Knospen seh'n,
Was sonst wüst gelegen.
Wer denn heißt dich Würger nur?
Du flichst Lebenskränze,
Und die Winter der Natur
Sind der Geister Lenze!

Franz Grillparzer

MUTTERTAG

An die Mutter

Mein gutes, bestes Mütterlein,
Ich liebe dich so sehr;
Ein kleines Wünschchen bring' ich dir,
Ich hab' nichts weiter mehr.

Sollst immer froh und glücklich sein,
Und habe mich auch lieb!
Und von dem großen Kuchen dort,
Mir auch ein Stückchen gib.

Unbekannt

Zum Muttertag

Ich bin so fröhlich aufgewacht,
Hab' gleich ans Mütterlein gedacht.
Doch hab' ich gar nichts dir zu geben,
Ein Sträußchen nur, das pflückt' ich eben.
Drum wünsch' ich: Alles was dich kann erfreun,
Mög' dir vom lieben Gott beschieden sein!

Unbekannt

An meine Mutter

So gern hätt' ich ein schönes Lied gemacht
Von deiner Liebe, deiner treuen Weise;
Die Gabe, die für and're immer wacht,
Hätt' ich so gern geweckt zu deinem Preise.

Doch wie ich auch gesonnen mehr und mehr,
Und wie ich auch die Reime mochte stellen,
Des Herzens Fluten wallten drüber her,
Zerstörten mir des Liedes zarte Wellen.

So nimm die einfach schlichte Gabe hin,
Von einfach ungeschmücktem Wort getragen,
Und meine ganze Seele nimm darin!
Wo man am meisten fühlt,
Weiß man nicht viel zu sagen.

Annette von Droste-Hülshoff

Der Mutter vorzusingen

Ach, war ich ein Vöglein,
ich wüßt, was ich tät:
Ich lernte mir Lieder
von morgens bis spät.

Dann setzt ich mich dort,
wo lieb Mütterlein war,
und sang ihr die Lieder
der Reihe nach her.

Unbekannt

Liebe Mutter

Du herzig liebes Mütterlein,
Ich bin zwar noch so jung und klein
Und weiß nicht viel zu sagen;
Doch möcht' ich dich so gern erfreun:
Den Pfad mit Rosen dir bestreun,
Dich auf den Händen tragen.

Doch ach, wohin ich sehen mag
An diesem wunderschönen Tag
Nichts hab' ich wahrgenommen.
Was ich besitze, hab' ich ja
Von dir und meinem Goldpapa
Erst selbst geschenkt bekommen.

So nimm mein kleines Herz denn hin,
Viel Liebe ist für dich darin,
Es ist dir treu ergeben.
Ich will dir stets gehorsam sein,
Dich, wo ich weiß und kann, erfreun
In meinem ganzen Leben.

Unbekannt

Lob der Mutter

Mutter, schallt es immerfort
und fast ohne Pause.
Mutter hier und Mutter dort
in dem ganzen Hause.

Überall zugleich zu sein,
ist ihr nicht gegeben.
Sonst wohl hatte sie, ich mein,
ein bequemes Leben.

Jedes ruft, und auf der Stell
will sein Recht es kriegen.
Und sie kann doch nicht so schnell
wie die Schwalben fliegen!

Ich fürwahr bewundre sie,
daß sie noch kann lachen.
Was allein hat sie für Müh,
alle satt zu machen!

Kann nicht einen Augenblick
sich zu ruhn erlauben.
Und das hält sie gar für Glück!
Sollte nun es glauben?

Johannes Trojan

Spruch für ein kleines Kind ohne Gabe

Ich seh die andern all
dir bringen ihre Gaben.
Du musst auf jeden Fall
von mir auch etwas haben.

Hier hab ichs schon bereit:
Streck aus die Arme weit!
Jetzt werf ich dirs hinein!
Mich selbst! Ich bin ja dein.

Friedrich Güll

Spruch für das Allerjüngste zum Muttertag

Mein Sträußlein
und dies Gedicht:
Ich hab dich lieb!
Mehr weiß ich nicht.

Adolf Holst

VATERTAG

Unsere Väter

Unsere Väter sind gesessen
auch vor vollen Gläsern hier;
unsre Väter sind vergessen,
und vergessen werden wir.

Wer kann alles auch behalten,
was geschieht und nicht geschieht?
Ob sich hier die Stirn in Falten,
dort der Mund zum Lächeln zieht?

Leer' und volle Köpf und Taschen
werden nach uns auch noch sein,
nach uns gibt's noch Krüg' und Flaschen,
Gläser mit und ohne Wein.

Und wenn diese gehen zu Scherben,
neue Gläser werden draus;
wenn die alten Gäste sterben,
kommen neue Gäst ins Haus.
Könnten unsre Väter sprechen,
sprächen sie: Stoßt an und zecht!
Leben war noch nie Verbrechen,
und der Lebende hat Recht.

August Heinrich Hoffmann von Fallersleben

Vatertagsgedicht

Vom Vater hab ich die Statur,
Des Lebens ernstes Führen,
Vom Mütterchen die Frohnatur
Und Lust zu fabulieren.
Urahnherr war der Schönsten hold,
Das spukt so hin und wieder;
Urahnfrau liebte Schmuck und Gold,
Das zuckt wohl durch die Glieder.
Sind nun die Elemente nicht
Aus dem Komplex zu trennen,
Was ist denn an dem ganzen Wicht
Original zu nennen?

Johann Wolfgang von Goethe

Vater werden ist nicht schwer

Vater werden ist nicht schwer,
Vater sein dagegen sehr.
Ersteres wird gern geübt,
Weil es allgemein beliebt.

Selbst der Lasterhafte zeigt,
Daß er gar nicht abgeneigt;
Nur will er mit seinen Sünden
Keinen guten Zweck verbinden,

Sondern, wenn die Kosten kommen,
Fühlet er sich angstbeklommen.
Dieserhalb besonders scheut
Er die fromme Geistlichkeit,

Denn ihm sagt ein stilles Grauen:
Das sind Leute, welche trauen.
So ein böser Mensch verbleibt
Lieber gänzlich unbeweibt.

Ohne einen hochgeschätzten
Tugendsamen Vorgesetzten
Irrt er in der Welt umher,
Hat kein reines Hemde mehr,

Wird am Ende krumm und faltig,
Grimmig, greulich, ungestaltig,
Bis ihn dann bei Nacht und Tag
Gar kein Mädchen leiden mag.

Onkel heißt er günst'gen Falles,
Aber dieses ist auch alles.
Oh, wie anders ist der Gute!
Er erlegt mit frischem Mute

Die gesetzlichen Gebühren,
Lässt sich redlich kopulieren,
Tut im stillen hocherfreut
Das, was seine Schuldigkeit,

Steht dann eines Morgens da
Als ein Vater und Papa
Und ist froh aus Herzensgrund,
Daß er dies so gut gekunnt.

Wilhelm Busch

HALLOWEEN

Es spukt

Abends, wenn die Heimchen singen,
Wenn die Lampe düster schwelt,
Hör ich gern von Spukedingen,
Was die Tante mir erzählt.

Wie es klopfte in den Wänden,
Wie der alte Schrank geknackt,
Wie es einst mit kalten Händen
Mutter Urschel angepackt,

Wie man oft ein leises Jammern
Grad um Mitternacht gehört
Oben in den Bodenkammern,
Scheint mir höchst bemerkenswert.

Doch erzählt sie gar das Märchen
Von dem Geiste ohne Kopf,
Dann erhebt sich jedes Härchen
Schaudervoll in meinem Schopf.

Und ich kann es nicht verneinen,
Daß es böse Geister gibt;
Denn ich habe selber einen,
Der schon manchen Streich verübt.

Wilhelm Busch

Wir sind die bösen Hexen

Wir sind die bösen Hexen
und werden Euch verhexen.

Gebt ihr uns süße Sachen,
werden wir nichts machen.

Schokolade, Gummibär
und noch vieles andre mehr,

gebt ihr uns das her,
seht ihr uns nicht mehr.

Rummel, rummel, reister

Rummel, rummel, reister,
wir sind die bösen Geister.

Wollt ihr uns vertreiben
oder soll'n wir bleiben?

Tut ihr nix in uns'ren Sack,
nehmen wir euch huckepack!

Tut ihr doch was Schönes rein,
geh'n wir alle artig heim!

Hexen, Teufel und Gespenster

Hexen, Teufel und Gespenster,
ziehen heut von Haus zu Haus.

Schauen auch in eure Fenster,
treiben böse Geister raus.

Dafür holt ihnen nun zum Dank,
die Süßigkeiten aus dem Schrank.

Geister schreien

Geister schreien, Hexen lachen,
gebt uns Süßes, sonst wird's krachen!
Spinnenfuß und Krötenbein

Spinnenfuß und Krötenbein
wir sind viele Geisterlein.

Wir haben leere Taschen
und wollen was zum Naschen!

Wir haben einen Meister

Wir sind x kleine Geister
und haben einen Meister

und der hat uns befohlen,
Süßes hier zu holen.

Leute öffnet uns die Tür

Leute öffnet uns die Tür
die frechen Geister sind jetzt hier.
Ihr könnt euch nicht verstecken
wir werden euch entdecken.
Darum rückt was Süßes raus,
dann ziehen wir zum nächsten Haus!

Unbekannt

NIKOLAUS, ADVENT
UND WEIHNACHTEN

Sankt Martin reitet

Sankt Martin reitet durch Schnee und Wind,
sein Roß trug ihn fort geschwind.
Sankt Martin ritt mit frohem Mut,
sein Mantel deckt ihn warm und gut.

Im Schnee, da saß ein armer Mann,
hat Kleider nicht, hat Lumpen an.
O helft mir doch in meiner Not,
sonst ist der harte Frost mein Tod.

Sankt Martin hält die Zügel an,
sein Roß stand still beim armen Mann.
Sankt Martin mit dem Schwerte
teilt den warmen Mantel unverweilt.

Sankt Martin gibt den halben still,
der Bettler rasch ihm danken will.
Sankt Martin aber ritt in Eil
hinweg mit seinem Mantelteil.

Vom Niederrhein

Nikolaus

Nikolaus, sei unser Gast,
wenn du was im Sacke hast.
Hast du was, so setz dich nieder!
Hast du nichts, so pack dich wieder!

Volksgut

Nikolaus, du guter Mann

Nikolaus, du guter Mann,
hast einen schönen Mantel an.
Die Knöpfe sind so blank geputzt,
dein weißer Bart ist gut gestutzt,
die Stiefel sind so spiegelblank,
die Zipfelmütze fein und lang,
die Augenbrauen sind so dicht,
so lieb und gut ist dein Gesicht.
Du kamst den weiten Weg von fern,
und deine Hände geben gern.
Du weißt, wie alle Kinder sind:
Ich glaub, ich war ein braves Kind.
Sonst wärst du ja nicht hier
und kämest nicht zu mir.
Du musst dich sicher plagen,
den schweren Sack zu tragen.
Drum, lieber Nikolaus,
pack ihn doch einfach aus.

Volkstümlich

Knecht Ruprecht

Von drauß, vom Walde komm ich her.
Ich muss euch sagen, es weihnachtet sehr!
Allüberall auf den Tannenspitzen
sah ich goldene Lichtlein blitzen.
Und droben aus dem Himmelstor
sah mit großen Augen das Christkind hervor.
Und wie ich so strolcht durch den finsteren Tann,
da riefs mich mit heller Stimme an:

Knecht Ruprecht, rief es, alter Gesell
hebe die Beine und spute dich schnell!
Die Kerzen fingen zu brennen an,
das Himmelstor ist aufgetan.
Alt und Junge sollen nun
von der Jagd des Lebens einmal ruhn.
Und morgen flieg ich hinab zur Erden,
denn es soll wieder Weihnachten werden!

Ich sprach: O lieber Herre Christ,
meine Reise fast zu Ende ist.
Ich soll nur noch in diese Stadt,
wos eitel gute Kinder hat.
Hast denn das Säcklein auch bei dir?
Ich sprach: Das Säcklein, das ist hier,
denn Äpfel, Nuß und Mandelkern
essen fromme Kinder gern.
Hast denn die Rute auch bei dir?
Ich sprach: Die Rute, die ist hier.

Doch für die Kinder nur, die schlechten,
die trifft sie auf den Teil, den rechten.
Christkindlein sprach: So ist es recht.
So geh mit Gott, mein, treuer Knecht!

Von drauß, vom Walde komm ich her.
Ich muss euch sagen, es weihnachtet sehr!
Nun sprecht, wie ichs hierinnen find:
Sinds gute Kind, sinds böse Kind?

Theodor Storm

Sei unser Gast

Was stehst du draußen vor der Tür?
Komm doch zu uns herein!
Es sind ja artige Kinder hier,
die sich schon lange freun.
Komm herein, sei unser Gast.
Bring uns alles, was du hast.

Volksgut

Sankt Niklas Auszug

Sankt Niklas zieht den Schlafrock aus,
klopft seine lange Pfeife aus
und sage zur heiligen Kathrein:
öl mir die Wasserstiefel ein.
Bitte, hol auch den Knotenstock
vom Boden und den Fuchspelzrock
Die Mütze lege obendrauf,
und schütt dem Esel tüchtig auf.
Halt auch sein Sattelzeug bereit,
wir reisen, es ist Weihnachtszeit.
Und daß ichs nicht vergeß,
ein Loch ist vorn im Sack, das stopfe noch!
Ich geh derweil zum Gottessohn
Und hol mir meine Instruktion.
Die heilge Käthe, sanft und still,
tut alles, was Sankt Niklas will
Der klopft indes beim Herrgott an.
Sankt Peter hat ihm auf getan.
Er sagt: Grüß Gott! Wie schauts denn aus?
Und fuhrt ihn ins himmlische Werkstättenhaus.
Da sitzen die Englein an langen Tischen,
ab und zu Feen dazwischen,
die den kleinsten zeigen, wies zu machen,
und weben und kleben die niedlichsten Sachen,
hämmern und häkeln, schnitzen und schneidern,

fälteln die Stoffe zu zierlichen Kleidern,
packen die Schachteln, binden sie zu
und haben so glühende Bäckchen wie du!
Herr Jesus sitzt an seinem Pult
und schreibt mit Liebe und Geduld
eine lange Liste. Potz Element,
wieviel artige Kinder Herr Jesus kennt!
Die sollen die schönen Engelsgaben
zu Weihnachten haben.
Was fertig ist, wird eingesackt
und auf das Eselchen gepackt.
Sankt Niklas zieht sich recht warm an.
 Kinder, er ist ein alter Mann,
und es fangt tüchtig an zu schnein.
Da muss er schon vorsichtig sein!
So geht es durch die Wälder im Schritt.
Manch Tannenbäumchen nimmt er mit,
und wo er wandert, bleibt im Schnee
manch Futterkörnchen für Hase und Reh.
Leise macht er die Türen auf
Jubelnd umdrängt ihn der kleine Hauf:
Sankt Niklas, Sankt Niklas, was hast du gebracht?
Was haben die Engelein für uns gemacht?
Schön Ding! Gut Ding! Aus dem himmlischen Haus!
Langt in den Sack! Holt euch was raus!

Paula Dehmel

Leise rieselt der Schnee
(Weihnachtsgruß)

Leise rieselt der Schnee.
Still und starr liegt der See.
Winterlich glänzet der Wald:
Freue dich, Christkind kommt bald.

In den Herzen ists warm.
Still schweigt Kummer und Harm.
Sorge des Lebens verhallt:
Freue dich, Christkind kommt bald.

Bald ist Heilige Nacht!
Chor der Engel erwacht.
Horch nur, wie lieblich es schallt:
Freue dich, Christkind kommt bald.

Eduard Edel

An den Weihnachtsmann

Lieber guter Weihnachtsmann,
sieh mich nicht so böse an,
stecke deine Rute ein,
ich will auch immer artig sein.

Volksgut

Das Christkind

Die Nacht vor dem Heiligen Abend,
da liegen die Kinder im Traum.
Sie träumen von schönen Sachen
und von dem Weihnachtsbaum.

Und während sie schlafen und träumen,
wird es am Himmel klar,
und durch den Himmel fliegen
drei Engel wunderbar.

Sie tragen ein holdes Kindlein,
das ist der Heilge Christ.
Es ist so fromm und freundlich,
wie keins auf Erden ist.

Und wie es durch den Himmel
still über die Häuser fliegt,
schaut es in jedes Bettchen,
wo nur ein Kindchen liegt.

Es freut sich über alle,
die fromm und freundlich sind,
denn solche liebt von Herzen
das liebe Himmelskind.

Heut schlafen noch die Kinder
und sehen es nur im Traum.
Doch morgen tanzen und springen
sie um den Weihnachtsbaum.

Robert Reinick

Denkt euch

Denkt euch, ich habe das Christkind gesehn!
Es kam aus dem Walde, das Mützchen voll Schnee,
mit rotgefrorenem Näschen.
Die kleinen Hände taten ihm weh;
denn es trug einen Sack, der war gar schwer,
schleppte und polterte hinter ihm her.
Was drin war, möchtet ihr wissen?

Ihr Naseweise, ihr Schelmenpack.
Meint ihr, er wäre offen, der Sack?
Zugebunden bis oben hin!
Doch war gewiß etwas Schönes drin.
Es roch so nach Äpfeln und Nüssen.

Anna Ritter

Ein Kinderlied zur Weihnacht

Vom Himmel hoch, da komm ich her,
ich bring euch gute neue Mär.
Der neuen Mär bring ich so viel,
davon ich singen und sagen will.

Euch ist ein Kindlein heut geborn,
von einer Jungfrau auserkorn,
Ein Kindelein so zart und fein,
das soll euer Freud und Wonne sein.

Es ist der Herr Christ, unser Gott,
der will euch führn aus aller Not.
Er will euer Heiland selber sein,
von allen Sünden machen rein.

Er bringt euch alle Seligkeit,
die Gott der Vater hat bereit,
daß ihr mit uns im Himmelreich
sollt leben nun und ewiglich.

Lob, Ehr sei Gott im höchsten Thron,
der uns schenkt seinen eignen Sohn,
des freuet sich der Engel Schar
und singet uns solch neues Jahr.

Martin Luther

Alle Jahre wieder

Alle Jahre wieder
kommt das Christuskind
auf die Erde nieder,
wo wir Menschen sind.

Kehrt mit seinem Segen
ein in jedes Haus,
geht auf allen Wegen
mit uns ein und aus.

Ist auch mir zur Seite,
still und unerkannt,
daß es treu mich leite
an der lieben Hand.

Wilhelm Hey

Lieber guter Weihnachtsmann

Lieber guter Weihnachtsmann,
schenk mir einen Kuchenmann,
nicht zu groß und nicht zu klein,
ich will immer artig sein.
Gibst mir einen kleinen,
fang ich an zu weinen!

Volksgut

Ihr Kinderlein, kommet!

Ihr Kinderlein, kommet!
Oh, kommet doch all.
Zur Krippe her kommet
in Bethlehems Stall.
Und seht, was in dieser
hochheiligen Nacht
der Vater im Himmel
für Freude uns macht.

O seht in der Krippe
im nächtlichen Stall,
seht hier bei des Lichtleins
hellglänzendem Strahl
in reinlichen Windeln
das himmlische Kind,
viel schöner und holder,
als Engel es sind.

Da liegt es, das Kindlein,
auf Heu und auf Stroh;
Maria und Josef
betrachten es froh.
Die redlichen Hirten knien betend davor.
Hoch oben schwebt jubelnd
der Engelein Chor.

Christoph von Schmid

Weihnachten

Markt und Straßen stehn verlassen,
still erleuchtet jedes Haus;
sinnend geh ich durch die Gassen.
Alles sieht so festlich aus.

An den Fenstern haben Frauen
buntes Spielzeug fromm geschmückt.
Tausend Kindlein stehn und schauen,
sind so wunderstill beglückt.

Und ich wandre aus den Mauern
bis hinaus ins freie Feld.
Hehres Glänzen, heilges Schauern,
wie so weit und still die Welt!

Sterne hoch die Kreise schlingen.
Aus des Schnees Einsamkeit
steigts wie wunderbares Singen.
O du gnadenreiche Zeit!

Joseph von Eichendorff

Familienfeste

GEBURT EINES KINDES

Das pessimistische Flaschenkind

Da lieg' ich nun und schrei' mich matt,
Keine Menschenseel' erwacht.
Wie ist das Leben so schal und leer!
Ich hab' es mir anders gedacht.

Man hat mich getauft, ich weiß nicht wie,
Man hat mich geimpft sogar,
Obgleich ich gegen das Taufen sowohl
Wie gegen das Impfen war.

Drei silberne Löffel, die sind mein,
All mein Vermögen bis jetzt.
Wer weiß aber, wo sie heut schon sind –
Sie sind gewiß schon versetzt!

Nur Milch bekomm' ich und nichts als Milch,
Ich mag sie schon gar nicht mehr.
Keine Abwechslung im Ernährungsgang,
Niemals der kleinste Likör!

Nur Milch, nur Milch und nichts als Milch,
Niemals ein andres Getränk!
Und die Masern stehn mir auch noch bevor,
Mich schaudert, wenn ich dran denk'!

Und dieselbe Umgebung, blöd' und stumpf,
Glotzt Tag für Tag mich an.
Davonlaufen möcht' ich!
Wehe mir, Daß ich noch nicht laufen kann!

Das Leben ist, ich merk' es schon,
Ein ewiges Einerlei:
Man wird naß und wird wieder trocken gelegt –
Oh wär' erst alles vorbei!

Johannes Trojan

Die Welt noch einmal

Süß ists, den Reiz der Welt zu saugen,
Wenn Herz und Sinn in Blüte stehn,
Doch süßer noch, mit deines Kindes Augen
Die Welt noch einmal frisch zu sehn.

Emanuel Geibel

GEBURTSTAG

Geburtstagseinladung für ein kleines Kind

Schlaf, Kindchen, süße,
Omama läßt grüßen,
läßt auch fragen, was du machst,
ob du schläfst oder wachst.

Wenn du ausgeschlafen hast,
sollst du kommen zu ihr als Gast
zu einem Gläschen warmen Tee,
Zwieback, Zucker und Kaffee.

Volkstümlich

Zum Geburtstag eines kleinen Kindes
Von einem der Geschwister aufzusagen

Hollala, wie freu ich mich!
Morgen kommt die Tante,
bringt dem Kindchen Kuchen mit.
Sagt das Kindchen: Danke!

Kinderreim

An eine Mutter nach der Geburt

Rosenknospe, kaum erblüht,
junges Leben, das erglüht,
Freude, die vom Herzen zieht,
waren Dir beschieden!
Welt, die sich mit jedem Tag
und zu jedem Stundenschlag
wundergern erneuern mag,
ward aus Dir geboren!
Leise kreist der Sterne Heer
durch das dunkle Himmelsmeer
und die Seele jauchzet sehr,
wenn sie wiederkommen!
Schöner Gang der Weltenuhr,
Atemzug der Gottnatur,
ich erkenne eure Spur
in den Kindesaugen!

Julius Langbehn

Pro domo

Man jagt mit vierzig* Jahresringen
Wohl nicht mehr gern nach Schmetterlingen,
Denn manches hat man in reiferen Jahren
Sowohl von Welt als Kunst erfahren,
Das einen jetzt schöner und wichtiger deucht
Als Buntes, das um Buntes fleucht.

Otto Julius Bierbaum

* fünfzig, sechzig, siebzig passen auch

Wer fröhlich sein will die halbe Stunde

Wer fröhlich sein will die halbe Stunde,
Halt eine brennende Pfeif im Munde.
Wer fröhlich sein will den halben Tag,
Erwart auf den Abend ein Trinkgelag.
Wer fröhlich sein will die ganze Wochen,
Laß täglich sich seine Leibspeise kochen.
Wer fröhlich sein will einen ganzen Mon't,
Tu Tag für Tag, was er ist gewohnt.
Wer fröhlich sein will das ganze Jahr,
Frage nicht, das wievielst es war.
Wer fröhlich sein will sein Leben lang,
Lasse der Welt ihren tollen Gang.

Friedrich Rückert

Zum 50. Geburtstag

Fünfzig Jahre, Donnerwetter,
Wirst du heute, lieber Vetter.
Manches ist anders gekommen,
Als du dir hast vorgenommen.

Doch du hast dich, kann man sagen,
Immer tapfer durchgeschlagen.
Mögen weit're Fünfzig dir
Bringen Glück und viel Pläsier!

Unbekannt

Zum 60. Geburtstag

Zum dritten Male jährt sich heute
Dein zwanzigstes Geburtstagsfest.
Es gratulieren viele Leute
Und man dich nicht in Ruhe läßt.
Ist es denn tatsächlich wahr,
Daß du heut' wirst sechzig Jahr?
Du siehst erheblich jünger aus,
Und Gäste hast du stets im Haus.
Möge es noch lang' so bleiben,
Wer dir das wünscht, mag unterschreiben.

Unbekannt

Geburtstagslied

Heut hab ich Geburtstag,
und wie alt ich bin,
seht ihr an den Kerzen.
Schaut nur richtig hin!

Alle gratulieren
mir zu diesem Tag,
und auf meinem Tisch liegt,
was ich gerne mag.

Unbekannt

Zum Geburtstag des Großvaters

Viel Glück, mein lieber Großpapa,
zu deinem Wiegenfest!
Ich bitte Gott, daß lange noch
er dich am Leben läßt,
dich froh erhält, dir guten Mut
und frische Kräfte gibt,
daß deinen Lebensabend nicht
das kleinste Wölkchen trübt.

volkstümlich

Zum Geburtstag der Großmutter
Vom Kleinsten aufzusagen

Bin ich auch noch viel zu klein,
komme ich doch hier herein,
daß ich an dem Feiertag
Großmama begrüßen mag.
Als ein dummer kleiner Wutz
bin ich sonst zu gar nichts nutz.

Ottilie Wildermuth

Großvater zum Geburtstag

Weil heute dein Geburtstag ist,
bring ich dir einen Strauß.
Komm, suche dir doch auch etwas
von meinem Spielzeug aus.

Ich schenke dir, was dir gefällt,
ist es mir noch so wert:
Den Fußball und das Bilderbuch
und selbst mein Schaukelpferd.

Und wenn ich groß gewachsen bin
und Geld verdienen kann,
so kauf ich dir, mein Großpapa,
das Allerbeste dann.

Ich kaufe dir dann Zuckerzeug
und Brezeln und Konfekt
und freue mich, mein Großpapa,
wenn es dir herzlich schmeckt.

Unbekannt

Einem erwachsenen Freund
zum Geburtstag

Mein Freund, ich bin ein armer Schlucker,
und meine Schätze liegen in dem Mond.
Auch hab ich viele schöne Güter
im Lande, wo die Hoffnung thront.

Von dorten her bring ich dir eine Gabe.
Ich hoffe, daß sie wichtig dir erscheint,
denn sie ist heiter wie die Morgensonne,
und der dirs bringet, ist dein Freund.

Fritz Reuter

Von Herzen

Die Lieb
ist groß,
die Gabe
klein.
Gott weiß,
daß ichs
von Herzen
mein!

Volkstümlich

Mit Liebe

Kummer, sei lahm! Sorge, sei blind!
Es lebe das Geburtstagskind!

Theodor Fontane

Nur dein Glück

Rosen, Tulpen, Nelken,
alle Blumen welken.
Nur dein Glück allein
soll stets blühend sein!

Volkstümlich

Glücklich sein

Glück Glück Glück,
jeden Tag ein Stück,
jeden Tag ein Ei,
jeden Sonntag zwei.

KOMMUNION, FIRMUNG, KONFIRMATION

Zur Kommunion

Ich wünsche dir zur Kommunion,
daß Gott Vater und Gott Sohn
beschützen dich mit Segen
auf allen deinen Wegen.
Dann wanderst fromm und glücklich du
der goldnen Himmelspforte zu.

Ernst Moritz Arndt

Gottes Pfad

Sieh nicht, was andre tun,
der andern sind so viel,
du kommst nur in ein Spiel,
das nimmermehr wird ruhn.
Geh einfach Gottes Pfad,
lass nichts sonst Führer sein,
so gehst du recht und grad,
und gingst du ganz allein.

Christian Morgenstern

Zur Kommunion

Tritt ein für Deines Herzens Meinung
und fürchte nicht der Feinde Spott,
bekämpfe mutig die Verneinung,
so Du den Glauben hast an Gott.

Theodor Fontane

Du gehst heut an den Tisch des Herrn

Du gehst heut an den Tisch des Herrn,
du bist sein lieber Gast.
Wir alle haben dich sehr gern.
Fern sei dir jede Last.
Dein Lebensweg sei bunt und hell,
verschlungen sei er nicht.
Und bleib ein lustiger Gesell,
mach stets ein froh Gesicht!

Christian Morgenstern

VERLOBUNG

Den Verlobten

Bewahret einander vor Herzeleid,
kurz ist die Zeit,
die ihr beisammen seid.
Und wenn auch Jahre euch vereinen,
einst werden wie Minuten sie euch erscheinen.

Unbekannt

O glücklich, wer ein Herz gefunden

O glücklich, wer ein Herz gefunden,
Das nur in Liebe denkt und sinnt

Und mit der Liebe treu verbunden
Sein schönres Leben erst beginnt!

Wo liebend sich zwei Herzen einen,
Nur eins zu sein in Freud und Leid,

Da muss des Himmels Sonne scheinen
Und heiter lächeln jede Zeit.

August Hoffmann von Fallersleben

Polterabendgedicht für ein
kleines Mädchen mit Schlüssel

Ich bin eine kleine Sternschnuppe
und rutschte herab vom Himmel
und fiel aus der großen Milchstraße
grad hier in das Gewimmel.

Verwundert fragt ich die Leute:
Wo kommt ihr denn alle her?
Da sagten sie mir, daß heute
hier Polterabend wär.

Die Ehen schließt man im Himmel,
und Donnergepolter gibts auch;
da bin ich ja wie zu Hause
und bring meine Gabe auch.

Nehmt hier den Zauberschlüssel,
vom Sirius bracht ich ihn mit
in meiner Sternentasche,
als ich hinunterglitt.

Stets häng er zu euren Häuptern,
und zieht es euch hinauf,
schließt er zu jeder Stunde
den ganzen Himmel auf.

Paula Dehmel

Rat zur Verlobung

Man fragte Sokrates, was wohl das Beste wäre,
zu freien oder nicht zu frein?
Der Weise gab darauf die Lehre:
Tut, was ihr wollt, so wird es euch gereun.

Barthold Heinrich Brockes

HOCHZEIT

Gott sei Dank, sie haben sich!

O wie lieblich, o wie schicklich,
sozusagen herzerquicklich,
ist es doch für eine Gegend,
wenn zwei Leute, die vermögend,
außerdem mit sich zufrieden,
aber von Geschlecht verschieden,
wenn nun diese, sag ich, ihre
dazu nötigen Papiere,
sowie auch die Haushaltssachen
endlich mal in Ordnung machen
und in Ehren und beizeiten
hin zum Standesamte schreiten,
wie es denen, welche lieben,
vom Gesetze vorgeschrieben,
dann ruft jeder freundlich:
»Gott sei Dank, sie haben sich!«

Wilhelm Busch

Hochzeitslied

Stand ein junges Veilchen auf der Weiden,
Lieb und herzig, in sich, und bescheiden;
Und ein wackrer Jüngling über Land
Kam hin, da das Veilchen stand.
Und er sah das Veilchen auf der Weiden
Lieb und herzig, in sich, und bescheiden;
Sah es an mit Liebe und mit Lust,
Wünscht es sich an seine Brust.
Heute wird das Blümchen ihm gegeben,
Daß er's trag' an seiner Brust durchs Leben!
Und ein Kreis von edlen Menschen steht
Ernst und feiert mit Gebet.
Seid denn glücklich! Gott mit Euch, Ihr Beide!
Seine »Sonn' am Himmel« schein' Euch Freude;
Und in Eurer Freud', in Eurem Schmerz
Seine »bessre« Euch ins Herz!

Matthias Claudius

Die Ehe

Die Ehe ist ein Übel,
ein bittersüßes Joch.
Sie gleicht fürwahr der Zwiebel,
man weint und ißt sie doch.

Unbekannt

Rechte Heiratskunst

Tragt einander mit Geduld,
Niemand lebt doch außer Schuld;
Glaubt nicht einem jeden Traum,
Gebt dem Satan nirgends Raum.
Stört ein Windchen Eure Ruh,
Mault nicht, sprecht Euch wieder zu.

Solcher Art wird euch die Eh'
Schaffen nur geringes Weh;
Gott wird seinen Gnadenhand
Recken über euer Band,
und das Eurig'insgemein
stets gesegnet lassen sein.

Simon Dach

Die Liebe

Die Liebe,
Welch lieblicher Dunst;
Doch in der Ehe,
Da steckt die Kunst.

Theodor Storm

Flitterwochen

1. Woche:

Das junge Paar, dieweil in Ruh,
Lässt stets die Fensterläden zu!

2. Woche:

Man küsst und herzt und herzt und küsst,
Weil Reden ungenügend ist!

3. Woche:

Man flüstert leise das und dies,
Wie Honig sind die Worte süß!

4· Woche:

Die Leutchen sehen etwas blass,
Nur unbesorgt, bald gibt sich das!

5. Woche:

Von Kochen findet noch nichts statt,
Bis heute küsste man sich satt!

6. Woche:

Was man bis heute hat getan,
Das fängt man jetzt von Neuern an!

Unbekannt

Die vier Jahreszeiten

Im Frühling der Ehe lacht rosig und mild
Der Zukunft beglückend' und zauberisch' Bild.
Am Himmel, der immer nur sonnig und blau,
Gibt's selten ein Wölkchen bei Mann und bei Frau.

Im Sommer der Ehe, wie in der Natur,
Gibt's manchmal Gewitter, doch findet die Spur
Der Zwietracht am häuslichen Herde nicht Ort
Bei liebenden Herzen und freundlichem Wort.

Im Herbste, da erntet befriedigt man ein,
Welch' Segen vom Himmel beschieden mag sein,
Und freut sich der Kinder, vom Schicksal beschert,
Die gut man erzogen, geliebt und gelehrt.

Im Winter dann blickt man zufrieden zurück
Auf fröhlich und selig genossenes Glück.
Wir wünschen, daß diese Zeit kommen Euch mag:
Der goldenen Hochzeit beglückender Tag.

Unbekannt

Die Ehe

Die Ehe ist ,ne Lotterie,
's gibt Nieten und Gewinne,
Doch's große Los
Zieht man fast nie –
Und's liegt doch immer drinne!

Unbekannt

Zum frohen Hochzeitsfeste

Die schönste Zeit im Erdenleben
Birgt wohl der Liebe junges Glück,
Wo sich zwei Herzen ganz verweben
In einen Sinn, in einen Blick.

Auch Ihr habt nun Euch so gefunden,
Reicht Euch die Hand zum schönen Bund,
Und Lieb' und Treu' zu allen Stunden
Versprecht Ihr Euch mit Hand und Mund.

Die schöne Zeit der jungen Liebe,
Sie bleib' Euch immer, täglich neu,
Ob's Haar auch bleicht, kein Wölkchen trübe
Des Hauses Glück, des Herzens Treu'.

Dann mag des Lebens Ernst Euch nahen,
Gewappnet seid Ihr allezeit,
Wie wir vereint Euch heute sahen,
So bleibt in Freude wie in Leid.

Unbekannt

Für ein Kind zum Aufsagen

Bei Überreichung eines Staublappens

Hier ist Hochzeit? Mit Verlaub,
Daß ich mich auch einfinde;
Doch mach' ich bald mich aus dem Staub
Und drücke mich geschwinde.

Ich wollt' nur ohn' viel Zeitverlieren
Von ganzem Herzen gratulieren
Dem Ehepaar, das heut getraut,
Das früh noch Bräut'gam hieß und Braut.

Jetzt will ich aus dem Staub mich machen,
Zuvor jedoch – Ihr dürft nicht lachen –
Biet' ich Euch das hier: Mit Verlaub!
In jeder Wirtschaft gibt es – Staub!

Ernst Lausch

Auf das Brautpaar

Hoch lebe das Pärchen, das Hand in Hand
Sich heute zu ewiger Treue verband!

Der holden Braut zu Ehren
Ein volles Glas zu leeren,
Wird niemand mir verwehren!

Dem Brautpaar bring' ich ein Vivat aus,
Das unter uns den nächsten Kindtaufschmaus
Bald geben wird md dabei nicht vergisst,
Wer auf dem heutigen gewesen ist.

Grün, Silber, Gold –
Euch sei die Zukunft hold!

Kehrt Krankheit und Kummer bei euch ein,
Tragt es geduldig, tragt es – zu zwein.

Lieb' mög' euch regieren,
Treue euch führen,
Glück um euch walten,
Gesundheit euch halten.

Wer im Herbst tut Hochzeit machen,
Braucht im Sommer Kindersachen.

Unbekannt

Dem Brautpaar

Ihr sollt stets 1 sein.
Ihr sollt euch nicht ent-2-en.
Ihr sollt euch stets 3 bleiben
Und euch immer gut 4en.
Ihr sollt auch mal 5 gerade sein lassen
Und eure 6er zusammenhalten.
Ihr sollt eure 7 Sachen
In 8 nehmen.
Ihr sollt nicht immer 9 sagen
Und euch nie die 10e zeigen.

Volkstümlich

Ach, die Liebe

So viel Flocken Schnee,
so viel Ach und Weh,
so viel Tropfen Regen,
so viel Glück und Segen!

Volkstümlich

Den Eheleuten

Bewahret einander vor Herzeleid.
Kurz ist die Zeit, die ihr beisammen seid!
Und wenn auch Jahre euch vereinen,
einst werden sie euch wie Minuten erscheinen.

Volkstümlich

Trinkspruch

Gott mög euch beiden so wie heut
in eurem ganzen Leben
Gesundheit, Frieden, Einigkeit
und Wein und Braten geben.

In Glück und Unglück frohen Mut
und immer volle Fässer!
Denn volle Fässer sind sehr gut;
Zufriedenheit ist besser!

Johann Heinrich Voss

So ist die Ehe

Braut und Bräutigam küssen sich,
andre Leute wissens nicht.
Braut und Bräutigam vertragen sich,
andre Leute schlagen sich.

Volkstümlich

SILBERNE UND GOLDENE HOCHZEIT

Zur goldenen Hochzeit

Der Enkel kommt, er darfs wohl wagen;
Wo alles sich zum Fest geschmückt,
Darf er auch einen Festgruß sagen
Und bringen Blumen, frisch gepflückt.

Den Goldstrauß haben wir gebunden
Zum Jubelfest dem Großpapa;
Das Kränzchen aber ist gewunden
Als Brautschmuck für die Großmama.

Und tausend Wünsche von uns allen
Flocht unser liebend Herz hinein.
Sie werden auf zum Himmel wallen
Und, hoff ich, Gott willkommen sein.

Großelternpaar, mögt ihr in Frieden
Manch' frohes Lebensjahr noch sehn!
Noch lange möget ihr hienieden
Im Sonnenlichte euch ergehn!

Volkstümlich

Zur Silberhochzeit

Gottes reicher Segen leite
Euch auf eurer Wanderschaft
Fünfundzwanzig Jahr wie heute
Noch voll frischer Lebenskraft.

Herrlich mit dem Silberkranze
Schmückt der schöne Tag euch heut'.
Heil! Wenn euch im goldnen Glanze
Einst ein schönerer erfreut!

Volkstümlich

Zur Silberhochzeit
von einem Enkelkind zu sprechen

Ich bin klein, mein Wunsch ist klein:
Das Silberpaar soll glücklich sein.
Was wir heut mit Silber kränzen,
möge einst im Golde glänzen!

Volkstümlich

Gold und Silber

Goldmacher sind verrufen schier,
Wie wohl ein jeder weiß,
Doch bleiben zwei, die längst erprobt,
Die Ehe und der Fleiß.
Der Fleiß macht Gold; nicht jeder triffts,
Man plagt sich früh und spat
Und dankt zuletzt dem lieben Gott,
Wenn man sein Auskomm hat.
Die Ehe ist viel besser dran,
Sie braucht nicht Glück, nur Zeit,
Nach fünfundzwanzig Jahren ist
Sie silbern, so wie heut.
Noch fünfundzwanzig – ihr sollt sehn,
Ich lad euch freundlich ein,
So wird sie – wie jetzt silbern nur –
So wird sie golden sein.
Wer Lieb und Treu im Herzen trägt
Und wem sich Gleiches weiht,
Für den ist, wie der Weltsturm braust,
Noch heut die goldne Zeit.

Franz Grillparzer

Zur Goldnen Hochzeit

Golden, silbern, eisern, ehern
Nennt die Alter man der Welt,
Und zum mindern von dem höhern
Schreitet fort sie, wird erzählt.
Doch der Mensch in unsern Tagen
Sieht die Alter sich verkehrt:
Jugend, die schon Sorgen plagen,
Zeigt nur eisern ihren Wert.
Erzgewappnet geht das Leben,
Selbst die Liebe wird zum Streit,
Und dem stets erneuten Streben
Liegt der Ruhe Glück so weit.
Erst nach durchgekämpften Jahren
Lacht das Schicksal wieder hold,
Und mit Silber in den Haaren
Wird die Zeit, die Ehe – Gold.

Franz Grillparzer

Beziehungen

LIEBESGLÜCK

Die Liebe ist ein Feuerzeug

Die Liebe ist ein Feuerzeug,
das Herzchen ist der Zunder,
und kommt ein kleines Flämmchen dran,
so brennt der ganze Plunder.

Volkstümlich

Liebeslied

Wie soll ich meine Seele halten, daß
sie nicht an deine rührt? Wie soll ich sie
hinheben über dich zu andern Dingen?
Ach gerne möcht ich sie bei irgendwas
Verlorenem im Dunkel unterbringen
an einer fremden stillen Stelle, die
nicht weiter schwingt, wenn deine Tiefen schwingen.
Doch alles, was uns anrührt, dich und mich,
nimmt uns zusammen wie ein Bogenstrich,
der aus zwei Saiten eine Stimme zieht.
Auf welches Instrument sind wir gespannt?
Und welcher Spieler hat uns in der Hand?
O süßes Lied.

Rainer Maria Rilke

Glaube an die Welt

Laß ab von diesem Zweifeln, Klauben,
vor dem das Beste selbst zerfällt,
und wahre dir den vollen Glauben
an dieser Welt trotz dieser Welt.

Schau hin auf eines Weibes Züge,
das lächelnd auf den Säugling blickt,
und fühl's: es ist nicht alles Lüge,
was uns das Leben bringt und schickt.

Und, Herze, willst du ganz genesen,
sei selber wahr, sei selber rein!
Was wir in Welt und Menschen lesen,
ist nur der eigene Widerschein.

Beutst du dem Geiste seine Nahrung,
so laß nicht darben sein Gemüt,
des Lebens höchste Offenbarung
doch immer aus dem Herzen blüht.

Ein Gruß aus frischer Knabenkehle,
ja mehr noch eines Kindes Lall'n
kann leuchtender in deine Seele
wie Weisheit aller Weisen fall'n.

Erst unter Kuß und Spiel und Scherzen
erkennst du ganz, was Leben heißt;
o lerne denken mit dem Herzen,
und lerne fühlen mit dem Geist.

Theodor Fontane

Liebesjubel

Ich ritzt es gern in alle Rüben ein,
Ich stampft es gern in jeden Pflasterstein,
Ich biß es gern in jeden Apfel rot,
Ich strich es gern auf jedes Butterbrot,
Auf Wand, Tisch, Boden, Fenster möcht ichs
    schreiben:
Dein ist mein Herz, und soll es ewig bleiben!

Ich schör es gern in jede Taxusheck,
Graviert es gern in jedes Eßbesteck,
Ich sät es gern als lecker grüne Saat
Ins Gartenbeet mit Kohlkopf und Salat,
In alle Marzipane möcht ichs drücken
Und spicken gern in alle Hasenrücken
Und zuckerzäh auf alle Torten treiben:
Dein ist mein Herz, und soll es ewig bleiben!

Ich möcht mir ziehn ein junges Känguruh,
Bis daß es sprach die Worte immerzu,
Zehn junge Kälbchen sollen froh sie brüllen,
Hell wiehern hundert buntgescheckte Füllen,
Trompeten eine Elefantenherde,
Ja, was nur kreucht und fleucht auf dieser Erde,
Das soll sie schmettern, pfeifen, quaken, bellen,
Bis daß es dröhnt in allen Trommelfellen
Mit einem Lärm, der gar nicht zu beschreiben:
Dein ist mein Herz, und soll es ewig bleiben!!!

Hanns von Gumppenberg

Buch der Liebe

Freudvoll
Und leidvoll,
Gedankenvoll sein,
Langen
Und bangen
In schwebender Pein,
Himmelhoch jauchzend,
Zum Tode betrübt
Glücklich allein
Ist die Seele, die liebt.

Johann Wolfgang von Goethe

Liebe und Treue

Liebe schwärmt auf allen Wegen,
Treue wohnt für sich allein;
Liebe kommt euch rasch entgegen,
Aufgesucht will Treue sein.

Johann Gottfried Herder

Eile zum Lieben

Ach, Liebste, laß uns eilen,
Wir haben Zeit!
Es schadet das Verweilen
Uns beiderseit.

Der edlen Schönheit Gaben
Fliehn Fuß für Fuß,
Daß alles, was wir haben,
Verschwinden muss.

Der Wangen Zier verbleichet,
Das Haar wird greis,
Der Augen Feuer weichet,
Die Brunst wird Eis.

Das Mündlein von Korallen
Wird ungestalt,
Die Hand als Schnee verfallen,
Und du wirst alt.

Drum lass uns jetzt genießen
Der Jugend Frucht,
Eh denn wir folgen müssen
Der Jahre Flucht.

Wo du dich selber liebest,
So liebe mich.
Gib mir, daß, wann du gibest,
Verlier auch ich.

Martin Opitz

Mein Herz, ich will dich fragen

Mein Herz, ich will dich fragen:
Was ist denn Liebe, sag?
»Zwei Seelen und ein Gedanke,
Zwei Herzen und ein Schlag!«

Und sprich, woher kommt Liebe?
»Sie kommt und sie ist da!«
Und sprich, wie schwindet Liebe?
»Die war's nicht, der's geschah!«

Und was ist reine Liebe?
»Die ihrer selbst vergißt!«
Und wann ist Lieb am tiefsten?
»Wenn sie am stillsten ist.«

Und wann ist Lieb am reichsten?
»Das ist sie, wenn sie gibt!«
Und sprich, wie redet Liebe?
»Sie redet nicht, sie liebt!«

Friedrich Halm

Buch der Liebe

Als ich dich kaum gesehn,
Mußt' es mein Herz gestehn.
Ich könnt' dir nimmermehr
Vorübergehn.

Fällt nun der Sternenschein.
Nachts in mein Kämmerlein,
Lieg ich und schlafe nicht
Und denke dein.

Ist doch die Seele mein
So ganz geworden dein,
Zittert in deiner Hand,
Tu ihr kein Leid!

Theodor Storm

Heimliche Liebe

Kein Feuer, keine Kohle
Kann brennen so heiß
Als heimliche Liebe,
Von der niemand nichts weiß.

Keine Rose, keine Nelke
Kann blühen so schön,
Als wenn zwei verliebte Seelen
Beieinander tun stehn.

Setze du einen Spiegel
Ins Herz mir hinein,
Damit du kannst sehen,
Wie so treu ich es mein'!

Volkstümlich

Ich liebe dich

Ich liebe dich, weil ich dich lieben muss;
Ich liebe dich, weil ich nicht anders kann;
Ich liebe dich nach einem Himmelsschluß;
Ich liebe dich durch einen Zauberbann.

Dich lieb' ich wie die Rose ihren Strauch;
Dich lieb' ich wie die Sonne ihren Schein;
Dich lieb' ich, weil du bist mein Lebenshauch;
Dich lieb' ich, weil dich lieben ist mein Sein.

Friedrich Rückert

Lesebuch

Wunderlichstes Buch der Bücher
Ist das Buch der Liebe;
Aufmerksam hab ich's gelesen:
Wenig Blätter Freuden,
Ganze Hefte Leiden;
Einen Abschnitt macht die Trennung.
Wiedersehn! ein klein Kapitel,
Fragmentarisch. Bände Kummers,
Mit Erklärungen verlängert,
Endlos, ohne Maß.
O! Nisami! – doch am Ende
Hast den rechten Weg gefunden;
Unauflösliches, wer löst es?
Liebende, sich wieder findend.

Johann Wolfgang von Goethe

Nimmersatte Liebe

So ist die Lieb! So ist die Lieb!
Mit Küssen nicht zu stillen:
Wer ist der Tor und will ein Sieb
Mit eitel Wasser füllen?
Und schöpfst du an die tausend Jahr
Und küssest ewig, ewig gar,
Du tust ihr nie zu Willen.

Die Lieb, die Lieb hat alle Stund
Neu wunderlich Gelüsten;
Wir bissen uns die Lippen wund,
Da wir uns heute küssten.
Das Mädchen hielt in guter Ruh,
Wie's Lämmlein unterm Messer;
Ihr Auge bat: »Nur immer zu!
Je weher, desto besser!«

So ist die Lieb! und war auch so,
Wie lang es Liebe gibt,
Und anders war Herr Salomo,
Der Weise, nicht verliebt.

Eduard Mörike

Ganz oder Gar nicht

Wer da will der Liebe leben,
Muß sich ganz der Liebe geben,
Sich nicht teilen, nicht zersplittern,
Ganz im Kuß hinüberzittern;
Muß des Herzens ganzes Drängen
Auf des Mundes Spitze zwängen;
Muß nicht denken, rechnen, klügeln,
Sich nicht fesseln oder zügeln;
Muß den Arm nicht ängstlich halten,
Gilt es, Hüften zu umfalten;
Nicht voll Scheu die Hand befühlen,
Gilt's, im seidnen Haar zu wühlen;
Muß im seligen Versenktsein
Unklar, ob er ist und denkt, sein.

Friedrich Rückert

Buch der Liebe

Willst du dein Herz mir schenken,
So fang es heimlich an,
Daß unser beider Denken
Niemand erraten kann.
Die Liebe muss bei beiden
Allzeit verschwiegen sein.
Drum schließ die größten Freuden
In deinem Herzen ein.

Begehre keine Blicke
Von meiner Liebe nicht.
Der Neid hat viele Tücke
Auf unsern Bund gericht.
Du musst die Brust verschließen,
Halt deine Neigung ein.
Die Lust, die wir genießen,
Muß ein Geheimnis sein.

Volkstümlich

Abends

Komm, Liebchen! es neigen
Die Wälder sich dir;
Und alles mit Schweigen
Erwartet dich hier.

Der Himmel im glatten
Umdämmerten Quell!
Dies Plätzchen im Schatten,
Dies andre so hell!

Im Schatten, der Liebe
Dich lockendes Glück,
Dir flüsternd: es bliebe
Noch vieles zurück –

Es blieben der süßen
Geheimnisse viel;
So festes Umschließen;
So wonniges Spiel!

Da rauscht es! Da wanken
Auf jeglichem Baum
Die Äste; da schwanken
Die Vögel im Traum.

Dies Wanken, dies Zittern
Der Blätter im Teich –
O Liebe! dein Wittern!
O Liebe! dein Reich!

Johann Georg Jacobi

Die Küsse

Als sich aus Eigennutz Elisse
Dem muntern Koridon ergab,
Nahm sie für einen ihrer Küsse
Ihm anfangs dreißig Schäfchen ab.

Am andern Tag erschien die Stunde,
Daß er den Tausch viel besser traf
Sein Mund gewann von ihrem Munde
Schon dreißig Küsse für ein Schaf

Der dritte Tag war zu beneiden:
Da gab die milde Schäferin
Um einen neuen Kuß mit Freuden
Ihm alle Schafe wieder hin.

Allein am vierten gings betrübter,
Indem sie Herd' und Hund verhieß
Für einen Kuß, den ihr Geliebter
Umsonst an Doris überließ.

Friedrich von Hagedorn

Philine

Singet nicht in Trauertönen
Von der Einsamkeit der Nacht!
Nein, sie ist, o holde Schönen,
Zur Geselligkeit gemacht.

Wie das Weib dem Mann gegeben
Als die schönste Hälfte war,
Ist die Nacht das halbe Leben,
Und die schönre Hälfte zwar.

Könnt ihr euch des Tages freuen,
Der nur Freuden unterbricht?
Er ist gut, sich zu zerstreuen,
Zu was anderm taugt er nicht.

Aber wenn in nächtger Stunde
Süßer Lampe Dämmrung fließt,
Und vom Mund zum nahen Munde
Scherz und Liebe sich ergießt;

Wenn der rasche, lose Knabe,
Der sonst wild und feurig eilt,
Oft bei einer kleinen Gabe
Unter leichten Spielen weilt;

Wenn die Nachtigall Verliebten
Liebevoll ein Liedchen singt,
Das Gefangnen und Betrübten
Nur wie Ach und Wehe klingt:

Mit wie leichtem Herzensregen
Horchet ihr der Glocke nicht,
Die mit zwölfbedächtgen Schlägen
Ruh und Sicherheit verspricht!

Darum an dem langen Tage
Merke dir es, liebe Brust:
Jeder Tag hat seine Plage,
Und die Nacht hat ihre Lust.

Johann Wolfgang von Goethe

An Leukon

Rosen pflücke, Rosen blühn,
Morgen ist nicht heut!
Keine Stunde laß entfliehn –
Flüchtig ist die Zeit!

Trink und küsse! Sieh, es ist
Heut Gelegenheit!
Weißt Du, wo Du morgen bist?
Flüchtig ist die Zeit!

Aufschub einer guten Tat
Hat schon oft gereut!
Hurtig leben ist mein Rat –
Flüchtig ist die Zeit!

Johann Wilhelm Ludwig Gleim

LIEBESLEID
UND LIEBESSCHMERZ

Der Neugierige

Ich frage keine Blume,
Ich frage keinen Stern;
Sie können mir nicht sagen,
Was ich erführ so gern.

Ich bin ja auch kein Gärtner,
Die Sterne stehn zu hoch;
Mein Bächlein will ich fragen,
Ob mich mein Herz belog.

O Bächlein meiner Liebe,
Wie bist du heut so stumm!
Will ja nur eines wissen,
Ein Wörtchen um und um.

Ja heißt das eine Wörtchen,
Das andere heißet Nein,
Die beiden Wörtchen schließen
Die ganze Welt mir ein.

O Bächlein meiner Liebe,
Was bist du wunderlich!
Will's ja nicht weitersagen,
Sag, Bächlein, liebt sie mich?

Wilhelm Müller

Liebe und Leid

Wem nie durch Liebe Leid geschah,
dem ward auch Lieb durch Lieb nie nah;
Leid kommt wohl ohne Lieb allein,
Lieb kann nicht ohne Leiden sein.

nach Gottfried von Straßburg

Sprüche

Kein Unfall, keine Zeit
wird echte Liebe trennen;
die Liebe, die vergeht,
war Liebe nicht zu nennen!

*

Lebe glücklich,
frei von Schmerzen,
freue deines
Lebens dich!
Und in deinem
guten Herzen
sei ein Plätzchen
auch für mich!

*

Liebe schwärmt auf allen Wegen,
Treue wohnt für sich allein;
Liebe kommt dir rasch entgegen;
aufgesucht will Treue sein!

Liebe und Not
kennen kein Gebot.

*

Nicht zu langsam, nicht zu schnell,
nicht zu dunkel, nicht zu hell,
nicht zu traurig, nicht zu froh,
nicht zu gar und nicht zu roh,
nicht zu krumm und nicht zu g'rad:
sehr vernünftig – aber fad!

*

Mit vielen teile deine Freuden,
mit allen Heiterkeit und Scherz,
mit wenigen nur deine Leiden,
mit Auserwählten nur dein Herz.

*

Und war' das Himmelreich
auch mein,
ich möcht es nicht,
hab' ich's allein.

*

Nimm, soweit die Kraft dir reicht,
wär dein Herz auch am Verbluten,
nimm die bösen Tage leicht,
aber ernst und schwer die guten.

*

O nütze der Jugend frohe Stunde,
sie kennen nichts von Wiederkehr.
Einmal entflohen, einmal entschwunden,
zurück kehrt keine Jugend mehr.

O reiß den Faden der Freundschaft
nicht allzu rasch entzwei;
wird er auch neu geknüpfet,
ein Knoten bleibt dabei.

*

Unser süßester Beruf
ist das Glück der Liebe,
alles, was der Himmel schuf,
fühlet ihre Triebe.

*

Mach es wie die Sonnenuhr,
zähl die schönen Stunden nur.

*

O! Lass', beim Klange süßer Lieder,
uns lächelnd durch dies Leben gehn,
und sinkt der letzte Tag hernieder,
mit diesem Lächeln stille stehn!
Oftmals wollt' ich schon verzagen,
denn ich dacht', ich trüg' es nie,
ich hab' es doch getragen,
aber fragt mich nur nicht wie.

*

Uns're Zeit
vergeht geschwind,
nimm die Stunden
wie sie sind.
Sind sie bös,
laß sie vorüber,
sind sie gut,
so freu dich drüber.

Treue Hand
geht durchs ganze Land.

*

Was man nicht kann hassen,
und noch weniger lassen,
O Herz, da ist kein Mittel geblieben,
als es von ganzer Seele lieben.

*

Wenn sich zwei Herzen scheiden,
die sich dereinst geliebt,
das ist ein großes Leiden,
wie's größeres nimmer gibt.

FREUNDSCHAFT

Wahre Freundschaft nur verbindet
Seelen zu der schönsten Pflicht,
und die Kränze, die sie windet,
welken selbst im Grabe nicht!

Die Freundschaft

Mit fremden Menschen nimmt man sich zusammen,
Da merkt man auf, da sucht man seinen Zweck
In ihrer Gunst, damit sie nutzen sollen:
Allein bei Freunden läßt man frei sich gehn,
Man ruht in ihrer Liebe, man erlaubt
Sich eine Laune; ungezähmter wirkt
Die Leidenschaft, und so verletzen wir
Am ersten die, die wir am zartsten lieben.

Die wahre Freundschaft zeigt sich im Versagen
Zur rechten Zeit, und es gewährt die Liebe
Gar oft ein schädlich Gut, wenn sie den Willen
Des Fordernden mehr als sein Glück bedenkt.
Du scheinest mir in diesem Augenblick
Für gut zu halten, was du eifrig wünschest,
Und willst im Augenblick, was du begehrst.
Durch Heftigkeit ersetzt der Irrende,
Was ihm an Wahrheit und an Kräften fehlt.

Johann von Goethe

Gesellschaftslied

Es kann schon nicht alles so bleiben
Hier unter dem wechselnden Mond;
Es blüht eine Zeit und verwelket,
Was mit uns die Erde bewohnt.

Wir sitzen so fröhlich beisammen,
Wir haben uns alle so lieb,
Wir heitern einander das Leben,
Ach wenn es doch immer so blieb'!

Doch weil es nicht immer kann bleiben,
So haltet die Freude recht fest!
Wer weiß denn, wie bald uns zerstreuet
Das Schicksal nach Ost und nach West.

Und kommen wir wieder zusammen
Auf wechselnder Lebensbahn,
So knüpfen ans fröhliche Ende
Den fröhlichen Anfang wir an.

August von Kotzebue

Lied der Freundschaft

Der Mensch hat nichts so eigen,
So wohl steht ihm nichts an,
Als daß er Treu' erzeigen
Und Freundschaft halten kann;
Wann er mit seinesgleichen

Soll treten in ein Band,
Verspricht sich, nicht zu weichen
Mit Herzen, Mund und Hand.

Die Red' ist uns gegeben,
Damit wir nicht allein
Für uns nur sollen leben
Und fern von Leuten sein;
Wir sollen uns befragen
Und sehn auf guten Rat,
Das Leid einander klagen,
So uns betreten hat.

Was kann die Freude machen,
Die Einsamkeit verhehlt?
Das gibt ein doppelt Lachen,
Was Freunden wird erzählt;
Der kann sein Leid vergessen,
Der es von Herzen sagt;
er muss sich selbst auffressen,
Der ingeheim sich nagt.

Gott stehet mir vor allen,
Die meine Seele liebt;
Dann soll mir auch gefallen,
Der mir sich herzlich gibt.
Mit diesem Bundsgesellen
Verlach' ich Pein und Not;
Geh' auf dem Grund der Höllen
Und breche durch den Tod.

Simon Dach

Sprüche

Alten Freund
für neuen wandeln,
heißt für Früchte Blumen handeln.

*

Dem Freund sich bald entwindet,
wer neue Freunde findet.

*

Den Menschen sollst du dich
insoweit anbequemen,
um jeden in der Art,
wie er sich gibt, zu nehmen.

*

Der Mensch hat nichts so eigen,
so wohl steht ihm nichts an,
als daß er Treu' erzeigen
und Freundschaft halten kann.

*

Ein jeder Schmerz
läßt sich verwinden,
und jede tiefe Wunde heilt,
nur eine Seele musst du finden,
die alle Schmerzen mit dir teilt.

*

Freunde ich gern haben will
und doch Gesellen nicht zu viel.

*

Freunde in der Not
und hinterm Rücken
sind zwei starke Brücken.

*

Freundes Gebrechen soll man
kennen und tragen,
aber nicht nennen und nagen.

*

Genieße froh
des Lebens Freuden,
entbehre gern,
was du nicht hast,
ein jeder Mensch
hat seine Freude,
ein jeder Mensch
hat seine Last.

*

Hat jemand dir was Gut's getan,
so sollst du allzeit denken dran;
und tat dein Nächster dir ein Leid,
sei zur Versöhnung stets bereit.

ZUM EIN- UND UMZUG

Was mir gehört

Einer acht's,
der andre verlacht's,
der dritte betracht's;
was macht's!

Volkstümlich

Altes Haus

Dies Haus ist mein
und doch nicht mein,
dems vor mir war,
dacht' auch, ,s wär sein,
er zog aus, ich zog ein,
nach meinem Tod
wirds auch so sein.

Volkstümlich

Was es braucht

Arbeit und Ordnung erhalten das Haus,
Liebe und Freundschaft schmücken es aus.

Lieb und Leid

Es gehen zwei Gäste
ein und aus,
solange du wohnst
in diesem Haus.
Sie sind geheißen
Lieb und Leid,
du sollst sie wohl
empfangen beid.

Volkstümlich

Früher Rat

Es wird kein Ding so schön gemacht,
es kommt ein Spötter, der's veracht.
Wärst Du früher hergekommen,
hätt ich Rat von Dir genommen.
Drum gehe hin und schweige still.
Es macht's ein jeder, wie er's will.

Nach Euch

Legt fest den Grund,
fügt Stein an Stein,
mit Winkel, Maß und Senkel;
ihr baut das Haus
nicht euch allein,
ihr baut es auch dem Enkel.

Draußen und drinnen

Wer Glück im Hause hat,
hat außerm Hause Lust;
wohl ist dir's in der Welt,
wenn's wohl in deiner Brust.

Trostlied für den Bauherrn

Wie manche Kunst, man sagts nicht aus,
muss helfen, um zu baun ein Haus!
Die Kunde hab ich erst gewonnen,
nachdem ich eins zu baun begonnen.

Zusammen wirkt da jede Zunft,
als ständ am Weltbau Weltvernunft;
und wie sie durcheinanderrennen,
scheint jeder seinen Platz zu kennen.

Wie dieser dies, und jener das
und jeder tut, ich weiß nicht was,
muss ich sie nur gewähren lassen
und auf die Kostenzettel passen.

Wär alles dies nicht längst erdacht,
ich hätt es nicht hervorgebracht
und hätte müssen mich begnügen,
ein Hüttendach aus Rohr zu fügen.

Friedrich Rückert

Beim Verlassen eines Hauses aufzusagen

So leb denn wohl, du stilles Haus.
Wir ziehn betrübt aus dir heraus.
Und fanden wir das höchste Glück:
Wir dächten doch an dich zurück.

Ferdinand Raimund

Hausspruch

In jedes Haus, wo Liebe wohnt,
da scheint hinein auch Sonn und Mond,
und ist es noch so ärmlich klein,
es kommt der Frühling doch hinein.

Gott behüt dies Haus

Gott behüt dies Haus so lang,
bis ein Schneck die Welt durchgang,
bis ein Ameis dürst so sehr,
daß sie austrinkt das ganze Meer.

Hausspruch

Grüß Gott! Tritt ein.
Bring Glück herein!

Hauszauber

Es ist, als müßt' ein Zauber
Dabei im Spiele sein, Daß alles ist so sauber,
Im Hause und so rein:
Die Dielen und die Wände,
Das Holzgerät und Glas –
Und sind doch nur zwei Hände,
Nur die bewirken das.

Betritt man nur die Schwelle,
So fühlt man sich schon froh;
Es waltet eine Helle
Im Haus, die schmückt es so.
Viel Pracht nicht würde taugen
Dazu und Reichtum nicht –
Es ist nur ein Paar Augen,
Das spendet so viel Licht.

So ruhig ist es drinnen,
Man hört kein hartes Wort;
Wer Hader denkt zu spinnen,
Bleibt von der Türe fort.
Es ist so eine Stille
Im Hause allerwärts –
Und diese ganze Fülle
Von Frieden schafft ein Herz.

Johannes Trojan

Zum Richtfest eines Hauses

Das neue Haus ist aufgericht,
gedeckt, gemauert ist es nicht.
Noch können Regen und Sonnenschein
von oben und überall herein:
Drum rufen wir zum Meister der Welt,
er wolle von dem Himmelszelt
nur Heil und Segen gießen aus
hier über dieses offne Haus.
Zuoberst woll er gut Gedeihn
in die Komböden uns verleihn;
in die Stube Fleiß und Frömmigkeit,
in die Küche Maß und Reinlichkeit,
in den Stall Gesundheit allermeist,
in den Keller dem Wein einen guten Geist.
Die Fenster und Pforten woll er weihn,
daß nichts Unseliges komm herein,
und daß aus dieser neuen Tür
bald fromme Kindlein springen für.
Nun, Maurer, deckt und mauert aus!
Der Segen Gottes ist im Haus!

Ludwig Uhland

URLAUB UND REISEN

Der frohe Wandersmann

Wem Gott will rechte Gunst erweisen,
Den schickt er in die weite Welt,
Dem will er seine Wunder weisen
In Berg und Wald und Strom und Feld.

Die Trägen die zu Hause liegen,
Erquicket nicht das Morgenrot,
Sie wissen nur von Kinderwiegen,
Von Sorgen, Last und Not um Brot.

Die Bächlein von den Bergen springen,
Die Lerchen schwirren hoch vor Lust,
Was soll ich nicht mit ihnen singen
Aus voller Kehl und frischer Brust?

Den lieben Gott laß ich nun walten,
Der Bächlein, Lerchen, Wald und Feld
Und Erd und Himmel will erhalten,
Hat auch mein Sach aufs best bestellt.

Joseph Freiherr von Eichendorff

Urlaubshitze

Überall hört man von Hitze,
Manchen trifft sogar der Schlag,
Naß wird man am Hosensitze
Schon am frühen Vormittag.

Damen, denen man begegnet,
Leiden sehr am Ambopoäng:
»Gott! Wenn es nur endlich regnet'!«
Ist der ewige Refräng.
Oberlehrer und Pastoren
Baden sich in diesem Jahr,
Ihre Scham geht auch verloren,
Und man nimmt sie nackicht wahr.

Busen, Hintern, Waden, Bäuche
Zeigt man heuer lächelnd her,
Und wir kriegen schon Gebräuche
Wie die Neger ungefähr.

Wenn das Barometer sänke,
Käme eine bess're Zeit
In bezug auf die Gestänke
Und in puncto Sittlichkeit.

Ludwig Thoma

Hurra! Ferien!

Hast du dies Buch in deiner Hand:
Hurra! dann gehts ins Ferienland!

Endlich mal raus aus den staubigen Straßen
endlich die Schule hinter sich lassen
endlich mal raus aus dem Großstadtgeschrei
hinein in die Ferien! Seid ihr dabei?

Hinaus in die Berge, zum Strand, hinaus...!
Und so sieht der Tag der Abreise aus:
Morgens um sechs schrillt der Wecker durchs Haus:
»Raus aus den Betten – Rauauauau-aus!«

Und jetzt geht aber ein Gelaufe
los, ein Getrappel und Geschnaufe,
denn jeder will der erste sein:
und Lucie fällt in die Badewanne rein.

Und Hans will den Papagei mitnehmen,
und heult. »Du sollst dich wirklich was schämen!«
Und Grete hat mit Frollein Krach und die lieben
        Eltern... ?
Ach, die...!

Mama muß sich um alles kümmern
das Telefon klingelt, die Kinder wimmern
Mama packt und ordnet und zählt
und paßt auf, daß für unterwegs auch nichts fehlt.

Und belegt die Brote und umwickelt die Bücher
und faltet die Hemden und rollt die Tücher
und Papa indessen in guter Ruh
sitzt auf dem Koffer, denn der geht nicht zu.

Anna, das Mädchen, geht allen zur Hand
Und Flops, der Hund, bellt wie nicht bei Verstand
Und Lucie will den Baukasten mit den Steinen
mitnehmen und fängt deshalb an zu weinen.

Und Hans hat Angst, den Zug zu versäumen,
Und Grete will die Puppenstube ausräumen.
Und Papa indessen in guter Ruh
sitzt auf dem Koffer, denn der geht noch immer nicht
    zu.

Acht Uhr fünf! Es ist höchste Eisenbahn!
»Ist das Auto schon da?« – »Tritt nicht in das Porzellan!«
Flops heult. Ihm trat einer auf den Schwanz.
Und Papa indessen in guter Ruh freut sich: denn nun
    ist der Koffer zu!

Uff! Nun sitzen sie alle im Wagen!
Anna! Grete! Lucie! Hans!
»Was wollt ich denn dem Mädchen noch sagen?«
Lucie will wissen, wie lange wir fahren.

Hans zieht grad Greten an den Haaren.
Im Kopf der Mama fällt indessen eine Klappe herunter:
»Zurück! Wir haben die Schlüssel vergessen!«
Alle sind mächtig aufgeregt.

Wohin hat Mama die Schlüssel gelegt?
Als sie zurück in die Wohnung kommen,
da hat keiner die Schlüssel weggenommen,
die liegen brav auf dem Stuhl, aber auf dem Tisch

tanzt Anna, das Mädchen, mit einem Flederwisch
Zum Grammophon und vor Schreck wird sie weiß
    wie eine Lilie
Und es stürzt wieder herunter die ganze Familie!
Hin zum Bahnhof. Drei Minuten sind noch Zeit!

Ist das große Gepäck in Sicherheit?
»Seid ihr alle da?« – »Sind die Kinder drin?«
»Bedaure, mein Herr, hier kann keiner mehr rin.«
»Mutti, haben wir auch nicht die Thermosflasche
    vergessen?«

»Aber Hans, denk doch nicht schon wieder an
    Trinken und Essen!«
»Erst mal zählen: eins, zwei, drei, vier, fünf Mann!«
Achtung, es pfeift! Der Zug rückt an.
Hurra! Ferien! Schreien die Kinder alle drei!

Hurra! Ferien! Und von dem Kindergeschrei:
Hurra! Ferien! vergessen Mama und Papa alle Mühn
Und hunderttausend vergnügte Kinder
ziehen aus Magdeburg und Stettin und Berlin

in die

Hurra! Ferien!

Kurt Tucholsky

Entdecker-Freuden

O welche Lust gewährt das Reisen,
Wo noch auf keiner Bahn von Eisen
Der Wandrer an sein Ziel gelangt;
Wo noch, durchforscht von keinem Weißen,
Mit Pflanzen, die noch gar nicht heißen,
Der unentdeckte Urwald prangt!

Wie herrlich ist es in den Tropen,
Wo sich der Schwarm der Antilopen
Des Mittags zur Lagune drängt;
Wo jeder Baum voll sitzt von Affen,
Der Wüstenkönig auf Giraffen
Die Grenzen seines Reichs durchsprengt!

Wie ist es schön, wo Anakonden
Herab sich lassen freundlich von den
Baumwipfeln zu dem Wandersmann;
Wo unter wiederhohem Züngeln
Sie dann sich schmeichelnd um ihn ringeln,
So daß er nicht mehr weiter kann!

Wie ist es schön, im Fluß zu baden,
Wo aus der Tiefe ungeladen
Zum Schmaus der Alligator naht;
Wo sich das Nilpferd wälzt im Schlamme,
Am Ufer mit gesträubtem Kamme
Der Basilisk versperrt den Pfad!

Wie ist es herrlich, dort zu wandern,
Wo nicht ein Wirtshaus bei dem andern,
Nein, überhaupt kein einz'ges steht;
Wo kein Hotel, nicht mal ein Keller
Zum Essen lockt, wo bei dem Teller
Kein Schoppen sauern Weines steht!

Man speist zu Mittag, was die Kelle
Der Wildnis kleckt: heut aus dem Felle
Schält man den Pavian heraus,
Und morgen, wenn die Jagd geraten,
Gibt es vielleicht gar Nashornbraten
Und übermorgen Klein vom Strauß.

Wie geht sich's gut in unbekannter
Waldgegend abends, wenn der Panther
Glutäugig aus dem Dickicht lauscht!
Von Bingebornen rings umlauert,
Wie zuckt zusammen man und schauert,
Wenn es in den Gebüschen rauscht!

Schön ist's, umflattert von Vampiren
Um Feuer nachts zu biwakieren,
Wenn rings die Wildnis starrt und schweigt.
Mit Grauen hört man beim Erwachen
Von fernher die Hyänen lachen,
Und näher kommt ein Leu vielleicht.

O Freude, in den dichten Hecken
Von Stachelkaktus zu entdecken
Ein Etwas, das man noch nicht kennt,
Ein neues Wesen, eine Pflanze,
Ein Tier – und wär's nur eine Wanze –
Die nach sich selber man benennt!

Und findet man zuletzt sein Ende,
Und fällt man Wilden in die Hände,
Die leider keinen Spaß verstehn –
Ja, ist unrettbar man verloren:
Im Kochtopf noch und noch beim Schmoren
Sagt man zu sich: Es war doch schön!

Johannes Trojan

TRINK- UND WIRTSHAUSSPRÜCHE

Trink' ich Wasser, häng' ich's Maul,
trink' ich Bier, so werd' ich faul,
trink' ich Wein, so werd' ich voll,
ich weiß nicht, was ich trinken soll.

*

Trink nicht in Hast,
als sei's im Spiel!
Der Weise schießt nicht übers Ziel,
er trinkt bedächtig, aber – viel.

*

Trinke, liebe, rauche
bis zum letzten Hauche.

*

Vertrink ich mein Geld, so verderb' ich;
vertrink ich's nicht, so sterb' ich;
doch besser getrunken und verdorben,
als nicht getrunken und doch gestorben.

*

Viel besser wahr und derb und schlicht
als fröhlich, falsch und fein;
es geht mir um den Becher nicht,
es geht mir um den Wein.

*

Von Vergnügen zu Vergnügen
rastlos eilen hin und her,
ist ein eitles Selbstbetrügen
und bald kein Vergnügen mehr.

Winket dir der Wein im Becher,
greife zu und trinke frisch,
aber nicht mit jedem Zecher
setze dich an einen Tisch.

*

Auf Künftiges rechne nicht
und zähl nicht auf Versprochenes,
klag' um Verlor'nes nicht
und denk nicht an Zerbrochenes.

*

Ein froher Gast
ist niemand zur Last.

*

Ein guter Trunk
macht Alte jung.

*

Gott lieben macht selig,
Wein trinken macht fröhlich;
drum liebe Gott und trinke Wein,
so wirst du froh und selig sein.

*

Halte Maß in Speis' und Trank,
so wirst du alt und selten krank.

*

Heute, morgen, übermorgen lustig,
redlich, frei und froh,
mag der Himmel für uns sorgen,
gute Freunde leben so.

*

Tages Arbeit, Abends Gäste;
saure Wochen, frohe Feste!

Ich liebe nur den heitern Mann
am meisten unter meinen Gästen;
wer sich nicht selbst zum Besten haben kann,
der ist gewiß nicht von den Besten.

*

Iß, trink, sei fröhlich
hier auf Erd';
denk nur nicht,
daß es besser werd'!

*

Iß und trink und sei geduldig,
was du nicht bezahlen kannst,
das bleibe schuldig.

Alter und Jugend

Soll das kurze Menschenleben
Immer reife Frucht dir geben,
Mußt du jung dich zu den Alten,
Alternd dich zur Jugend halten.

Paul Heyse

NONSENS

Das Quadrat

Laßt uns das Quadrat betrachten,
Denn das ist dem Geist gesund.
Höher müssen wir es achten
Als den Kreis, der gar zu rund.

Niemand kann es ihm bestreiten,
Daß es ist an Tugend reich,
Denn es hat vier gute Seiten,
Und sie sind einander gleich.

Ohne jeden falschen Dünkel
Steht es da auf dem Papier,
Denn es hat nur rechte Winkel
Und besitzt derselben vier.

Manchen Vorzug hat's unstreitig,
Den beim Dreieck man vermißt,
Und erfreut auch anderseitig,
Weil es so symmetrisch ist.

Ja, zur Lust der Weltbewohner
Ist's geschaffen in der Tat.
Reinlicher und zweifelsohner
Ist wohl nichts als das Quadrat.

Johannes Trojan

Goethe-Quintessenz

(Allen zitatenbedürftigen Gemütern gewidmet)

Ihr naht euch wieder? In die Ecke, Besen!
Luft! Luft! Clavigo! Meine Ruh' ist hin.
Der König rief: Ich bin ein Mensch gewesen,
Das Ewig-Weibliche, das war mein Sinn.
Ein deutscher Mann mag keinen Franzen leiden,
Der and're hört von allem nur das Nein.
Ich weiß nicht, nur die Lumpe sind bescheiden,
Ein Werdender wird immer dankbar sein.

Mir graut's vor dir, der Kasus macht mich lachen,
Und Marmorbilder steh'n und seh'n mich an;
Wer fertig ist, dem ist nichts recht zu machen,
Der Morgen kam, kühl bis ans Herz hinan.
Prophete rechts – mein Herz, was soll das geben?
Du sprichst ein großes Wort gelassen aus;
Das Wasser rauscht ins volle Menschenleben,
Ich denke dein, so oft er trank daraus.

Wenn ihr's nicht fühlt, ihr werdet's nicht erjagen;
Der Page lief, man sieht doch wo und wie.
Was hör' ich draußen? Fräulein, darf ich's wagen?
Grau, teurer Freund, ist alle Theorie.
Heißt mich nicht reden, schwankende Gestalten!
Man merkt die Absicht, dunkler Edelmann!
Durch Feld und Wald laßt mir herein den Alten;
Ich kenne dich, du siehst mich lächelnd an.

Er sah ihn stürzen, himmlisches Behagen!
Der Knabe kam und ward nicht mehr geseh'n.
Die Sonne sinkt, du musst es dreimal sagen –
Dies ist die Art, mit Hexen umzugeh'n.
Der Geist der Medizin ist leicht zu fassen,
Von Zeit zu Zeit sah' ich den Alten gern ...
Es muss sich dabei doch was denken lassen?!
Ergo bibamus! ist des Pudels Kern.

Edwin Bormann

Das Krokodil

Im heil'gen Teich zu Singapur
Da liegt ein altes Krokodil
Von äußerst grämlicher Natur
Und kaut an einem Lotosstiel.

Es ist ganz alt und völlig blind,
Und wenn es einmal friert des Nachts,
So weint es wie ein kleines Kind,
Doch, wenn ein schöner Tag ist, lachts.

Hermann Lingg

Das Huhn und der Karpfen

Auf einer Meierei,
Da war einmal ein braves Huhn;
Das legte, wie die Hühner tun,
An jedem Tag ein Ei
Und kakelte,
Mirakelte,
Spektakelte,
Als obs ein Wunder sei!

Es war ein Teich dabei,
Darin ein braver Karpfen saß
Und stillvergnügt sein Futter fraß;
Der hörte das Geschrei:
Wie's kakelte,
Spektakelte,
Als obs ein Wunder sei!

Da sprach der Karpfen
»Ei! Alljährlich leg ich 'ne Million
Und rühm mich des mit keinem Ton;
Wenn ich um jedes Ei
So kakelte,
Mirakelte,
Spektakelte,
Was gäbs für ein Geschrei!«

Heinrich Seidel

Lügenlied

Ich will euch erzählen und will auch nicht lügen:
Ich sah zwei gebratene Ochsen fliegen,
Sie flogen gar ferne;
Sie hatten den Rücken gen Himmel gekehrt,
Die Füße wohl gegen die Sterne.

Ein Amboß und ein Mühlenstein,
Die schwammen bei Köln wohl über den Rhein;
Sie schwammen gar leise;
Ein Frosch verschlang sie alle beid'
Zu Pfingsten wohl auf dem Eise.

Es fuhr ein Schiff auf trocknem Land;
Es hatte die Segel gen Wind gespannt
Und segelt' im vollen Laufen.
Da stieß es an einen hohen Berg;
Da tat das Schiff ersaufen.

In Straßburg stand ein hoher Turm,
Der trotzte Regen, Wind und Sturm
Und stand fest über die Maßen;
Den hat der Kuhhirt mit seinem Horn
Eines Morgens umgeblasen.

So will ich hiermit mein Liedlein beschließen,
Und sollt's auch die werte Gesellschaft verdrießen,
Will trinken und nicht mehr lügen;
Bei mir zu Land sind die Mücken so groß
Als hier die größesten Ziegen.

Unbekannt

In die Welt und zurück

Es war einmal ein Mann,
Der hatte einen Schwamm.
Der Schwamm war ihm zu naß,
Da ging er auf die Gass'.

Die Gass' war ihm zu kalt,
Da ging er in den Wald.
Der Wald war ihm zu grün,
Da ging er nach Berlin.

Berlin war Ihm zu groß,
Da wurd' er ein Franzos'.
Franzos' wollt' er nicht sein,
Da ging er wieder heim

Zu seiner Frau Elise,
Die kocht ihm grün Gemüse.
Da musst' er dreimal niesen:
Hazzi! Hazzi! Hazzi!

Unbekannt

Zwischenraum-Idylle

Durch die Mitte der Natur
Zieht sich eine Pappelschnur.
Rechts sind Bäume, links sind Bäume
Und dazwischen Zwischenräume.
In der Mitte fließt ein Bach –
Ach!

Unbekannt

Kuh

Eine Kuh, die saß im Schwalbennest
Mit sieben jungen Ziegen,
Die feierten ihr Jubelfest
Und fingen an zu fliegen,
Der Esel zog Pantoffeln an,
Ist übers Haus geflogen,
Und wenn das nicht die Wahrheit ist,
So ist es doch gelogen.

Unbekannt

Wassermaus und Kröte

Eine Wassermaus und eine Kröte
Stiegen eines Abends spöte
Einen steilen Berg hinan.
Sprach die Wassermaus zur Kröte:
»Warum gehst du abends spöte
Diesen steilen Berg hinan?«
Sprach zur Wassermaus die Kröte:
»Zum Genuß der Abendröte
Geh' ich diesen Abend spöte
Diesen steilen Berg hinan.«
Dies ist ein Gedicht von Goethe,
Das er eines Abends spöte
Auf dem Sopha noch ersann.

Deutsches Kommersbuch

Dunkel war's der Mond schien helle

Dunkel war's, der Mond schien helle,
Schneebedeckt die grüne Flur,
Als ein Wagen blitzesschnelle
Langsam um die Ecke fuhr.

Drinnen saßen stehend Leute
Schweigend ins Gespräch vertieft,
Als ein totgeschossner Hase
Auf 'ner Sandbank Schlittschuh lief

Und der Wagen fuhr im Trabe
Rückwärts einen Berg hinauf
Droben zog ein alter Rabe
Grade eine Turmuhr auf

Ringsumher herrscht tiefes Schweigen
Und mit fürchterlichem Krach
Spielen in des Grases Zweigen
Zwei Kamele lautlos Schach.

Und auf einer roten Bank,
Die blau angestrichen war
Saß ein blond gelockter Jüngling
Mit kohlrabenschwarzem Haar.

Neben ihm 'ne olle Schrulle,
Die kaum 18 Jahr alt war,
In der Hand 'ne Butterstulle,
Die mit Schmalz bestrichen war.

Und verliebt sprach er zu ihr,
Mein geliebtes Trampeltier.
Augen hast du wie Korallen,
Die dir aus dem Kopfe fallen.
Und eine Nase sag ich dir,
Alle Kälber gleichen dir.

Oben auf dem Apfelbaume,
Der sehr süße Birnen trug,
Hing des Frühlings letzte Pflaume
Und an Nüssen noch genug.

Unbekannt

Stunden, wo der Unsinn waltet

Stunden, wo der Unsinn waltet,
sind so selten. Stört sie nie!
Schöner Unsinn, glaubt mir, Kinder,
er gehört zur Poesie.

Unbekannt

Zum Fest des Treffens zweier Parallelen

Warn einst zwei Parallelen,
die liebten sich gar sehr.
Sie liefen schon Wochen und Monde
treu nebeneinander her.

Sie liefen durch Wüsten und Länder
und über das blaue Meer.
Vergebens, ach vergebens!
Ihr trefft euch nimmermehr.

Sie wollten schier verzweifeln
vor Wehmut und vor Schmerz.
Der einen wollte fast brechen
das parallele Herz.

Da sprach die andre tröstend:
Laß fahren Schmerz und Leid;
noch treffen sich Parallelen
in der Unendlichkeit.

Aus dem Liederbuch der Hütte, 19. Jahrhundert

Private Anlässe

ZUM ABSCHIED

Die Zeit ist hin

Die Zeit ist hin, du löst dich unbewußt
Und leise mehr und mehr von meiner Brust;
Ich suche dich mit sanftem Druck zu fassen,
Doch fühl ich wohl, ich muss dich gehen lassen.

So laß mich denn, bevor du weit von mir
Im Leben gehst, noch einmal danken dir;
Und magst du nie, was rettungslos vergangen,
In schlummerlosen Nächten heimverlangen.

Hier steh ich nun und schaue bang zurück;
Vorüber rinnt auch dieser Augenblick,
Und wieviel Stunden dir und mir gegeben,
Wir werden keine mehr zusammen leben.

Theodor Storm

Lebe wohl!

Lebe wohl.
Iß Speck mit Kohl.
Iß Kohl mit Speck,
aber fall nicht in den Dreck.

Die eine Klage

Wer die tiefste aller Wunden
Hat in Geist und Sinn empfunden,
Bittrer Trennung Schmerz;
Wer geliebt, was er verloren,
Lassen muss, was er erkoren,
Das geliebte Herz,

Der versteht in Lust die Tränen
Und der Liebe ewig Sehnen
Eins in Zwei zu sein,
Eins im Andern sich zu finden,
Daß der Zweiheit Grenzen schwinden
Und des Daseins Pein.

Wer so ganz in Herz und Sinnen
Könnt ein Wesen lieb gewinnen,
O! den tröstet's nicht,
Daß für Freuden, die verloren,
Neue werden neu geboren:
Jene sinds doch nicht.

Das geliebte, süße Leben,
Dieses Nehmen und dies Geben,
Wort und Sinn und Blick,
Dieses Suchen und dies Finden
Dieses Denken und Empfinden
Gibt kein Gott zurück.

Karoline von Günderode

Das ist im Leben häßlich eingerichtet

Das ist im Leben häßlich eingerichtet,
Daß bei den Rosen gleich die Dornen steh'n,
Und was das arme Herz auch sehnt und dichtet,
Zum Schlusse kommt das Voneinandergeh'n.
In deinen Augen hab' ich einst gelesen,
Es blitzte drinn' von Lieb und Glück ein Schein:
Behüt dich Gott, es wär zu schön gewesen,
Behüt dich Gott, es hat nicht sollen sein!

Leid, Neid und Haß, auch ich hab' sie empfunden,
Ein sturmgeprüfter müder Wandersmann.
Ich träumt' von Frieden dann und stillen Stunden,
Da führte mich der Weg zu dir hinan.
In deinen Armen wollt' ich ganz genesen,
Zum Danke dir mein junges Leben weih'n.
Behüt dich Gott, es wär' zu schön gewesen,
Behüt dich Gott, es hat nicht sollen sein!

Die Wolken flieh'n, der Wind saust durch die Blätter,
Ein Regenschauer zieht durch Wald und Feld,
Zum Abschiednehmen just das rechte Wetter,
Grau wie der Himmel steht vor mir die Welt.
Doch, wend' es sich zum Guten oder Bösen,
Du schlanke Maid, in Treuen denk' ich dein!
Behüt dich Gott, es wär' zu schön gewesen,
Behüt dich Gott, es hat nicht sollen sein!

Joseph Victor von Scheffel

Abschied

Morgen muss ich fort von hier
Und muss Abschied nehmen.
O du allerschönste Zier,
Scheiden, das bringt Grämen!
Da ich dich so treu geliebt
Über alle Maßen,
Soll ich dich verlassen!

Wenn zwei gute Freunde sind,
Die einander kennen,
Sonn und Mond bewegen sich,
Ehe sie sich trennen.
Noch viel größer ist der Schmerz,
Wenn ein treu verliebtes Herz
In die Fremde ziehet.

Küsset dir ein Lüftelein
Wangen oder Hände,
Denke, daß es Seufzer sei'n,
Die ich zu dir sende.
Tausend schick ich täglich aus,
Die da wehen um dein Haus,
Weil ich dein gedenke.

Unbekannt

GLÜCKWÜNSCHE UND GESCHENKE

Mit einem Zierkorken zu sprechen

Es hilft uns kein Gedeutel,
so nimm es, wie es fällt:
Der eine hat den Beutel,
der andre hat das Geld.

Es läßt sich nichts erklopfen:
Der eine hat den Wein,
der andre hat die Pfropfen.
Man muss zufrieden sein.

Theodor Fontane

Wünsche

Wonach du sehnlich ausgeschaut,
Es wurde dir beschieden.
Du triumphierst und jubelst laut:
Jetzt hab ich endlich Frieden!

Ach, Freundchen, rede nicht so wild.
Bezähme deine Zunge.
Ein jeder Wunsch, wenn er erfüllt,
Kriegt augenblicklich Junge.

Wilhelm Busch

Für jemanden, der zu irgendeiner Gelegenheit gefeiert wird

Briefträger setzten sich in Trab.
Sie reißen fast die Klingel ab.
Sogar Pakete treffen ein.
Mög es das ganze Jahr so sein!

Herren, Damen kommen zuhauf
Sie setzen die besten Gesichter auf
Du selber blickst gutlaunig drein.
Mög es das ganze Jahr so sein!

Der Himmel ist blau, die Luft ist klar.
Auf dem Simse zwitschert ein Spatzenpaar.
Am Fenster aber lacht Sonnenschein.
Mög es das ganze Jahr so sein!

Theodor Fontane

Blumengruß

Der Strauß, den ich gepflücket,
Grüße dich viel tausendmal!
Ich habe mich oft gebücket,
Ach, wohl ein tausendmal,
Und ihn ans Herz gedrücket
Wie hunderttausendmal!

Johann Wolfgang von Goethe

Was soll ich meiner Tante schenken?

Ich sitze da in tiefem Denken
Und sinne her und sinne hin –
»Was soll ich meiner Tante schenken?«
Das geht mir immer durch den Sinn.

Was wünscht sie sich? Wär' ihr am Ende
Erwünscht ein grüner Papagei?
Ein Makartbild als Zier der Wände?
Ein Gummibaum? Ein Straußenei?

Wär' ihr gedient mit einer Brille?
Mit einem Kopf des wilden Schweins?
Wünscht sie vielleicht sich in der Stille
Ein Oxhoft alten Brannteweins?

Soll ich Schlittschuhe für sie wählen –
Die Tante ist noch ziemlich flink! –
Wie? oder ist mehr zu empfehlen
Was Plastisches, gemacht aus Zink?

Würd' ein Aquarium ihr gefallen?
Würd' sie ein Deckelglas erfreun?
Ach, unter diesen Dingen allen
Scheint keins das richt'ge mir zu sein.

Ich sitze da in tiefem Denken
Und schaue sinnend in das Glas –
Ei was! Ich will ihr gar nichts schenken!
Vielleicht schenkt mir die Tante was.

Johannes Trojan

Vom Schenken

Schenke groß oder klein,
aber immer gediegen.
Wenn die Bedachten
die Gaben wiegen,
sei dein Gewissen rein.

Schenke herzlich und frei.
Schenke dabei,
was in dir wohnt
an Meinung, Geschmack und Humor,
so daß die eigne Freude zuvor
dich reichlich belohnt

Schenke mit Geist ohne List
Sei eingedenk,
daß dein Geschenk
du selber bist.

Joachim Ringelnatz

Brücke zum Glück

Schick nicht in's Leben spähend Deine Blicke,
Das Glück erwartend mit der Sehnsucht Pein –
Bau Dir zum Glück mit eigner Hand die Brücke:
Beglücke Du, so wirst Du glücklich sein!

Viktor Blüthgen

Erinnerung

Willst du immer weiter schweifen?
Sieh, das Gute liegt so nah.
Lerne nur das Glück ergreifen;
denn das Glück ist immer da.

Johann Wolfgang von Goethe

Begegnung

Willst Welt und Menschen recht versteh'n,
musst du ins eigne Herze seh'n.
Willst du dich selbst recht kennenlernen,
musst du dich aus dir selbst entfernen.

Zufriedenheit

Willst du recht zu Hause sein,
kehre in dich selber ein.

*

Allzeit lustig ist gefährlich,
allzeit traurig ist beschwerlich,
allzeit glücklich ist betrüblich,
eins ums andre ist vergnüglich.

*

Blumen sind an jedem
Weg zu finden,
doch nicht jeder weiß
den Kranz zu winden.

Brich die Rosen, wenn sie blühn,
morgen ist nicht heut.
Keine Stunde laß' entfliehn,
flüchtig ist die Zeit.

*

Das warme Herz hienieden,
von manchem Sturm bewegt,
erlangt den wahren Frieden nur,
wo es nicht mehr schlägt!

*

Den Menschen sollst du dich
insoweit anbequemen,
um jeden in der Art,
wie er sich gibt, zu nehmen.

*

Die Welt wird nie das Glück erlauben,
als Beute nur wird es gehascht!
Entwenden muss man's, oder rauben,
eh' uns die Mißgunst überrascht!

*

Echtes ehre, Schlechtem wehre,
Schweres übe, Schönes liebe!

*

Einen Maitag hat das Leben,
einen Schöpfer-Augenblick;
läßt du ihn vorüberschweben,
kehrt er nimmer dir zurück.

*

Sei deiner Welt,
so viel du kannst, ein Engel, so wird sie dir,
trotz dem Gefühl der Mängel, soviel sie kann,
dafür ein Himmel sein!

Verschenke aus all deinen Tagen
eine stille Stunde an dich.
Die jedem Besinnen entsagen,
verlieren sich.

*

Erinn'rung ist's,
die mit dem Zauberstabe
den Weg uns schmückt,
in's Leben bis zum Grabe!

*

Es kann die Ehre dieser Welt
dir keine Ehre geben.
Was dich in Wahrheit hebt und hält,
muss in dir selber leben.

*

Genieße jedes Glück! Die Kunst,
sich zu erfreu'n,
ist für uns Sterbliche die Kunst,
beglückt zu sein.

*

Glück und Unglück,
beides trag in Ruh.
Alles geht vorüber,
und auch du.

*

Hab ein Lied auf den Lippen,
verlier nie den Mut,
hab Sonne im Herzen,
und alles wird gut.

Dank

Habt nun Dank für eure Gaben,
die wir gern genommen haben.
Jeder wünscht uns, wie er soll,
daß sie uns bekommen wohl.

Lebet wohl heut! Übers Jahr,
so Gott will, seht ihr uns zwar,
aber nicht so klein wie heute,
denn aus Kindern werden Leute.

Volkstümlich

TROST

Lebensregel

Willst du dir ein hübsch Leben zimmern,
Mußt dich ums Vergangne nicht bekümmern;
Das Wenigste muss dich verdrießen;
Mußt stets die Gegenwart genießen,
Besonders keinen Menschen hassen
Und die Zukunft Gott überlassen.

Johann Wolfgang von Goethe

Du wirst es nie zu Tücht'gem bringen

Du wirst es nie zu Tücht'gem bringen
Bei deines Grames Träumerein,
Die Tränen lassen nichts gelingen:
Wer schaffen will, muss fröhlich sein.

Wohl Keime wecken mag der Regen,
Der in die Scholle niederbricht,
Doch golden Korn und Erntesegen
Reift nur heran bei Sonnenlicht.

Theodor Fontane

Ein Buch Sprüche

Ein Wahlspruch? Lange sinn ich hin und her,
Ja, Kinder, wenn die Welt so einfach wär'!
Ich brauche, wie ich mich beschränken mag,
Doch ungefähr ein Dutzend jeden Tag.
Und wollt ich je für morgen einen sparen,
Daß er verjährt war, musst ich stets erfahren.
So schrieb' am besten ich »von Fall zu Fall«; –
Doch leider gilt auch der nicht überall.

Arthur Schnitzler

Glosse

»Wer nicht liebt Wein, Weib und Gesang,
Der bleibt ein Narr sein Leben lang.«
Gut.
Doch wer es tut?
Wer Weiber liebt, der wird zum Narren;
Die Sänger haben ihren Sparren;

Und gar der Wein, wie allbekannt,
Bringt seine Leute vom Verstand.
Drum, du guter
Doktor Luther,
Es treib es einer, wie er woll,
Wir bleiben samt und sonders toll.

David Friedrich Strauß

Wer weiß zu leben

Wer weiß zu leben? Wer zu leiden weiß.
Wer zu genießen? Der zu meiden weiß.
Wer ist der Reiche? Der sich beim Ertrag
Des eignen Fleißes zu bescheiden weiß.
Wer lenkt die Herzen? Der den herben Ernst
Stets in ein heitres Wort zu kleiden weiß.
Wer ist der Weise? Der das falsche Gold
Vom echten schnell zu unterscheiden weiß.
Und wer der Fromme? Der vom Menschen wohl,
Doch nichts von Christen oder Heiden weiß.

David Friedrich Strauß

Überlaß es der Zeit

Erscheint dir etwas unerhört,
Bist du tiefsten Herzens empört,
Bäume nicht auf, versuchs nicht mit Streit,
Berühr es nicht, überlaß es der Zeit.
Am ersten Tag wirst du feige dich schelten,
Am zweiten läßt du dein Schweigen schon gelten,
Am dritten hast du's überwunden;
Alles ist wichtig nur auf Stunden,
Ärger ist Zehrer und Lebensvergifter,
Zeit ist Balsam und Friedensstifter.

Theodor Fontane

Gebet

Herr! schicke, was du willt,
Ein Liebes oder Leides;
Ich bin vergnügt, daß beides
Aus deinen Händen quillt.

Wollest mit Freuden
Und wollest mit Leiden
Mich nicht überschütten!
Doch in der Mitten
Liegt holdes Bescheiden.

Eduard Mörike

Harte Bisse

Die Welt ist nicht aus Brei und Mus geschaffen,
Deswegen haltet euch nicht wie Schlaraffen;
Harte Bissen gibt es zu kauen:
Wir müssen erwürgen oder sie verdauen.

Johann Wolfgang von Goethe

Verzweifeln können

Ja, schelte nur und fluche fort,
Es wird sich Bessres nie ergeben –,
Denn Trost ist ein absurdes Wort.
Wer nicht verzweifeln kann, der muss nicht leben.

Johann Wolfgang von Goethe

Trost

Wenn alles eben käme,
Wie du gewollt es hast,
Und Gott dir gar nichts nähme
Und gab dir keine Last,
Wie wärs da um dein Sterben,
Du Menschenkind, bestellt?
Du müßtest fast verderben,
So lieb war dir die Welt!

Nun fällt – eins nach dem anderen –
Manch süßes Band dir ab,
Und heiter kannst du wandern
Gen Himmel durch das Grab;
Dein Zagen ist gebrochen,
Und deine Seele hofft. –
Dies ward schon oft gesprochen,
Doch spricht mans nie zu oft,

Friedrich de la Motte-Fouqué

Durch Irrtum zur Wahrheit

Das sind die Weisen,
Die durch Irrtum zur Wahrheit reisen.
Die bei dem Irrtum verharren,
Das sind die Narren.

Friedrich Rückert

Weisheit

Ein Tor klagt andre an, und ein Halbweiser sich;
Sei ganz weis', und du klagst nicht andre an noch dich.

Friedrich Rückert

Trost

Und blüht der Weizen, so reift er auch,
das ist immer so ein alter Brauch.
Und schlägt der Hagel die Ernte nieder,
übers andere Jahr trägt der Boden wieder.

Johann Wolfgang von Goethe

Mut

Gut verloren – etwas verloren!
Mußt rasch dich besinnen
Und neues gewinnen.
Ehre verloren – viel verloren!
Mußt Ruhm gewinnen,
Da werden die Leute sich anders besinnen.
Mut verloren – alles verloren!
Da war es besser: nicht geboren.

Johann Wolfgang von Goethe

Unterwegs und wieder daheim

Die Welt, die fremde, lohnt mit Kränkung,
Was sich, umwerbend, ihr gesellt:
Das Haus, die Heimat, die Beschränkung,
Die sind das Glück und sind die Welt.

Theodor Fontane

Beherzigung

Feiger Gedanken
Bängliches Schwanken,
Weibisches Zagen,
Ängstliches Klagen
Wendet kein Elend,
Macht dich nicht frei.

Allen Gewalten
Zum Trutz sich erhalten,
Nimmer sich beugen,
Kräftig sich zeigen
Rufet die Arme
Der Götter herbei.

Johann Wolfgang von Goethe

Lebenskunst

Das ist das alte Lied und Leid,
Daß dir Erkenntnis erst gedeiht,
Wenn Mut und Kraft verrauchen;
Die Jugend kann, das Alter weiß,
Du kaufst nur um des Lebens Preis
Die Kunst, das Leben recht zu brauchen.

Emanuel Geibel

Des Menschen Alter

Ein Kind vergisst sich selbst;
ein Knabe kennt sich nicht;
Ein Jüngling acht sich schlecht;
ein Mann hat immer Pflicht;
Ein Alter nimmt Verdruss;
ein Greis wird wieder Kind:
Was meinst du,
was doch dies für Herrlichkeiten sind!

Friedrich von Logau

Die Hoffnung

Es reden und träumen die Menschen viel
von bessern künftigen Tagen.
Nach einem glücklichen, goldenen Ziel
sieht man sie rennen und jagen.
Die Welt wird alt und wird wieder jung,
doch der Mensch hofft immer Verbesserung.

Die Hoffnung führt ihn ins Leben ein.
Sie umflattert den fröhlichen Knaben.
Den Jüngling begeistert ihr Zauberschein.
Sie wird mit dem Greis nicht begraben.
Denn, beschließt er im Grabe den müden Lauf,
noch am Grabe pflanzt er die Hoffnung auf.

Es ist kein leerer, schmeichelnder Wahn,
erzeugt im Gehirne des Toren.
Im Herzen kündet es laut sich an:
Zu was Besserm sind wir geboren!
Und was die innere Stimme spricht,
das täuscht die hoffende Seele nicht.

Friedrich von Schiller

Spruch

Geht Dir mal im Leben
irgendwas daneben,
bleibe trotzdem heiter,
irgendwie geht's weiter.

GESUNDHEIT UND GENESUNG

Zur Genesung

Herzlich wünsche ich dies eine:
Komm bald wieder auf die Beine!
Unbeschwert, gesund und heiter
schreite dann durchs Leben weiter!

Zur Genesung

Sei heiter!
Es ist gescheiter
als alles Gegrübel.
Gott hilft weiter:
Zur Himmelsleiter
werden die Übel.

Theodor Fontane

Gesundheit

Dieses wünsche ich von Herzen:
Schwinden mögen alle Schmerzen,
Nöte, Sorgen und Beschwerden.
Wichtig ist: Gesund zu werden!

Wiedersehen

Mit diesem Gruß soll sich der Wunsch verbinden:
Sie mögen baldige Genesung finden,
daß wir nach allem Schweren, das geschehen,
Sie ganz gesund und heiter wiedersehen!

Hinfort

Die beste Krankheit ist nichts wert;
viel Glück beim Überwinden!
Und das, was heute noch beschwert,
das möge schleunigst schwinden!

Spruch

Wir wünschen dir von Herzensgrund:
Bleib immer fröhlich und gesund!

TOD UND TRAUER

Ich komme aus der Ewigkeit

Ich komme aus der Ewigkeit.
Frühling war's,
dann heiße Sommerzeit,
der Herbst bracht' Frucht
und Blätterfall
und wilder Stürme Widerhall.

Nun ist der kalte Winternebel da,
verhüllt in eins, was fern und nah;
mich deckt das Schneetuch
der Vergessenheit, so fahr ich wieder
in die Ewigkeit.

Hans Thoma

Die Frage bleibt

Halte dich still, halte dich stumm,
Nur nicht forschen, warum? warum?

Nur nicht bittre Fragen tauschen,
Antwort ist doch nur wie Meeresrauschen.

Wies dich auch aufzuhorchen treibt,
Das Dunkel, das Rätsel, die Frage bleibt.

Theodor Fontane

Trost

Der Mensch ist bald vergessen,
Der Mensch vergißt so bald,
Der Mensch hat nichts besessen,
Er sterb jung oder alt.

Der Mensch ist bald vergessen,
Nur Gott vergißt uns nicht,
Hat unser Herz ermessen,
Wenn es in Schmerzen bricht.

Wir steigen im Gebete
Zu ihm wie aus dem Tod,
Sein Hauch, der uns durchwehte,
Tat unseren Herzen not.

Achim von Arnim

Der Mensch

Empfangen und genähret
Vom Weibe wunderbar,
Kömmt er und sieht und höret
Und nimmt des Trugs nicht wahr;
Gelüstet und begehret,
Und bringt sein Tränlein dar;
Verachtet und verehret,
Hat Freude und Gefahr;
Glaubt, zweifelt, wähnt und lehret,
Hält nichts und alles wahr;
Erbauet und zerstöret
Und quält sich immerdar;
Schläft, wachet, wächst und zehret,
Trägt braun und graues Haar.
Und alles dieses währet,
Wenns hoch kömmt, achtzig Jahr.
Dann legt er sich zu seinen Vätern nieder,
Und er kömmt nimmer wieder.

Matthias Claudius

Der Liebe Dauer

O lieb, so lang du lieben kannst!
O lieb, so lang du lieben magst!
Die Stunde kommt, die Stunde kommt,
Wo du an Gräbern stehst und klagst!

Und sorge, daß dein Herze glüht
Und Liebe hegt und Liebe trägt,
So lang ihm noch ein ander Herz
In Liebe warm entgegenschlägt!

Und wer dir seine Brust erschließt,
O tu ihm, was du kannst, zulieb!
Und mach ihm jede Stunde froh,
Und mach ihm keine Stunde trüb!

Und hüte deine Zunge wohl,
Bald ist ein böses Wort gesagt!
O Gott, es war nicht bös gemeint –
Der andre aber geht und klagt.

O heb, so lang du lieben kannst!
O lieb, so lang du lieben magst!
Die Stunde kommt, die Stunde kommt
Wo du an Gräbern stehst und klagst!

Dann kniest du nieder an der Gruft,
Und birgst die Augen, trüb und naß,
– Sie sehn den andern nimmermehr –
Ins lange, feuchte Kirchhofgras.

Und sprichst: O schau auf mich herab,
Der hier an deinem Grabe weint!
Vergib, daß ich gekränkt dich hab!
O Gott, es war nicht bös gemeint!

Er aber sieht und hört dich nicht,
Kommt nicht, daß du ihn froh umfängst;
Der Mund, der oft dich küsste, spricht
Nie wieder: ich vergab dir längst!

Er tats, vergab dir lange schon,
Doch manche heiße Träne fiel
Um dich und um dein herbes Wort.
Doch still – er ruht, er ist am Ziel!

O lieb, so lang du lieben kannst!
O lieb, so lang du lieben magst!
Die Stunde kommt, die Stunde kommt,
Wo du an Gräbern stehst und klagst!

Ferdinand Freiligrath

O bleibe treu den Toten

O bleibe treu den Toten,
die lebend du betrübt,
O bleibe treu den Toten,
die lebend dich geliebt!

Sie starben, doch sie blieben
auf Erden wesenlos,
bis allen ihren Lieben
der Tod die Augen schloß.

Indessen du dich herzlich
in Lebenslust versenkst,
wie sehnen sie sich schmerzlich,
daß ihrer du gedenkst.

Sie nahen dir in Liebe,
allein du fühlst es nicht.
Sie schaun dich an so trübe,
du aber siehst es nicht.

Die Brücke ist zerfallen.
Nun mühen sie sich bang,
ein Liebeswort zu lallen,
du nie herüberdrang.

In ihrem Schattenleben
quält eins sie gar zu sehr:
Ihr Herz will dir vergeben,
ihr Mund vermags nicht mehr.

O bleibe treu den Toten,
die lebend du betrübt.
O bleibe treu den Toten,
die lebend dich geliebt!

Theodor Storm

Grabspruch

Je länger du dort bist,
Um so mehr bist du hier,
Je weiter du fort bist,
Um so näher bei mir.

Du wirst mir notwendiger,
Als das tägliche Brot ist –
Du wirst lebendiger,
Je länger du tot bist!

Börries von Münchhausen

Begräbnis

Laßt uns den Leib begraben, singt der Chor,
und langsam geht der Zug durchs Kirchhoftor.
Und abendwärts ziehn Wolken schwarz und schaurig,
manch Auge weint, und jedes Herz ist traurig.
Und als der Sarg nun eingesenket war,
da kam die Sonn aus Morgen hell und klar,
und an des Himmels düstern Wolkenwogen
stand ausgespannt der bunte Regenbogen.

Heinrich Hoffmann von Fallersleben

Das Grab

Das Grab ist tief und stille
und schauderhaft sein Rand.
Es deckt mit schwarzer Hülle
ein unbekanntes Land.

Doch sonst an keinem Orte
wohnt die ersehnte Ruh.
Nur durch die dunkle Pforte
geht man der Heimat zu.

Das arme Herz, hienieden
von manchem Sturm bewegt,
erlangt den wahren Frieden nur,
wo es nicht mehr schlägt.

Johann Gaudenz von Salis-Seewis

Auf den Tod eines Kindes

Du kamst, du gingst mit leiser Spur,
ein flüchtiger Gast im Erdenland.
Woher? Wohin? Wir wissen nur:
Aus Gottes Hand in Gottes Hand.

Ludwig Uhland

Auf meines Kindes Tod

Von fern die Uhren schlagen.
Es ist schon tiefe Nacht.
Die Lampe brennt so düster.
Dein Bettlein ist gemacht.

Die Winde nur noch gehen
wehklagend um das Haus,
wir sitzen einsam drinnen
und lauschen oft hinaus.

Es ist, als müßtest leise
du klopfen an die Tür.
Du hättst dich nur verirret
und kämst nun müd zurück.

Wir armen, armen Toren!
Wir irren ja im Graus
des Dunkels noch verloren.
Du fandst dich längst nach Haus.

Joseph von Eichendorff

Kindertotenlied

Du bist ein Schatten am Tage
und in der Nacht ein Licht.
Du lebst in meiner Klage
und stirbst im Herzen nicht.

Wo ich mein Zelt aufschlage,
da wohnst du bei mir dicht.
Du bist mein Schatten am Tage
und in der Nacht mein Licht.

Wo ich auch nach dir trage,
find ich von dir Bericht.
Du lebst in meiner Klage,
und stirbst im Herzen nicht.

Du bist ein Schatten am Tage
und in der Nacht ein Licht:
Du lebst in meiner Klage
und stirbst im Herzen nicht.

Friedrich Rückert

Schule und Beruf

SCHULE

Am ersten Schultag

Am ersten Schultag wünsche ich
viel Freude und viel Spaß für dich.
Für deine erste Pause
schick' ich dir was zum Schmause!

Friedrich Morgenroth

Welch ein Jubel, welche Freude

Welch ein Jubel, welche Freude,
denn dein großer Tag ist heute,
weil die Schule, liebes Kind,
endlich auch für dich beginnt.

Mit dem Rechnen, Lesen, Schreiben,
wirst du nun die Zeit vertreiben,
das sind jene Dinge eben,
die du brauchst fürs ganze Leben.

Nur wer lernt, der wird gescheiter,
wer gescheit ist, der kommt weiter.
Lernen soll dir Freude bereiten
und mein Glückwunsch dich begleiten.

Friedrich Morgenroth

Also lautet ein Beschluss:
Daß der Mensch was lernen muss.
Nicht allein das ABC
bringt den Menschen in die Höh.
Nicht allein im Schreiben, Lesen
übt sich ein vernünftig Wesen;
Nicht allein in Rechnungssachen
soll der Mensch sich Mühe machen;
Sondern auch der Weisheit Lehren
muss man mit Vergnügen hören.

Wilhelm Busch

Bitte um Hitzeferien

Der Himmel ist blau,
das Wetter ist schön.
Wir bitten den Herrn Lehrer,
spazierenzugehn.
Wir wollen lieber im Freien schwitzen,
als auf den harten Schulbänken sitzen.

Unbekannt

Spruch für einen kleinen Bösewicht

Herr Lehrer, ich bedanke mich
für Ihren schönen Unterricht.
Ich konnte wohl, ich wollte nicht,
ich war ein kleiner Bösewicht
und Sie ein grober Lehrer.

Unbekannt

Das Leben

Es ist wohl angenehm, sich mit sich selbst
Beschäftgen, wenn es nur so nützlich wäre.
Inwendig lernt kein Mensch sein Innerstes
Erkennen; denn er mißt nach eignem Maß
Sich bald zu klein und leider oft zu groß.
Der Mensch erkennt sich nur im Menschen, nur
Das Leben lehret jedem, was er sei.

Johann Wolfgang von Goethe

Wer sich tummelt, kommt ans Ziel

Hörst du's schlagen halber acht?
Gleich, das Buch zurechtgemacht!
Schau, schon rudelt's groß und klein,
Dick und dünn zur Schul hinein.
Willst du gar der letzte sein?
Schnell die Mappe übern Kopf
Und die Kappe auf den Schopf.
Und nun spring,und lern recht viel.
Wer sich tummelt, kommt ans Ziel.

Friedrich Güll

BERUF UND HANDWERK

Von unten nach oben

Willst du die Leiter hinan,
fang' bei der untersten Sprosse an.
Laß nicht nach,
so steigst du aufs Dach.

Unbekannt

Es äfft dich nur dies Rennen, Traben

Es äfft dich nur dies Rennen, Traben
Nach golden mußevoller Zeit;
Wenn du die Ruhe glaubst zu haben,
Dann eben ist sie doppelt weit.

Auf weichem Pfühl, auf samtnen Kissen,
Wenn du sie hältst, wenn du sie hast,
Wirst du die holde mehr vermissen
Als in des Tages Druck und Last.

All Labsal, was uns hier beschieden,
Fällt nur in Kampf und Streit uns zu;
Nur in der Arbeit wohnt der Frieden,
Und in der Mühe wohnt die Ruh.

Theodor Fontane

Zur Beherzigung

Dein höchstes Ziel, o Mensch auf Erden
Sei dies: Geheimerat zu werden.
Dafür entscheide dich schon früh,
Sonst ist vergebens alle Müh.

Halt dich auf dem gebahnten Wege,
Mit Fleiß auf alles das dich lege
Und mit normalem Wissensdrang,
Was von dir heischt das Reglement.

Dann wirst von Stufe einst zu Stufe
Du schwingen dich in dem Berufe,
Und alles findet schön und glatt
Nach dem bestimmten Schema statt.

Beförderung und Titel kommen
Zur rechten Stunde angeschwommen,
Und auch der Orden findet dann
Um die gewohnte Zeit sich an.

Dann gleicht dein Leben einer Straße,
Wo alles hat die rechten Maße,
Und in bestimmtem Zwischenraum
Rechts steht und links ein Pappelbaum.

Dann, im Begriff ins Grab zu steigen,
Kannst du mit Stolz noch auf dich zeigen,
Wenn dich Freund Hein von hinten rafft –
An dir war alles musterhaft.

Johannes Trojan

Wochenbrevier

Am Montag fängt die Woche an.
Am Montag ruht der brave Mann,
das taten unsre Ahnen schon.
Wir halten streng auf Tradition.

Am Dienstag hält man mit sich Rat.
Man sammelt Mut und Kraft zur Tat.
Bevor man anfängt, eins, zwei, drei,
bums – ist der Dienstag schon vorbei.

Am Mittwoch fasst man den Entschluss:
Bestimmt, es soll, es wird, es muss,
mag kommen, was da kommen mag,
ab morgen früh ist Donnerstag.

Am Donnerstag fasst man den Plan:
Von heute ab wird was getan.
Gedacht, getan, getan, gedacht.
Inzwischen ist es wieder Nacht.

Am Freitag geht von alters her,
was man auch anfängt, stets verquer.
Drum ruh dich aus und sei belehrt:
Wer gar nichts tut – macht nichts verkehrt.

Am Samstag ist das Wochen-End,
da wird ganz gründlich ausgepennt.
Heut anzufangen, lohnt sich nicht.
Die Ruhe ist des Bürgers Pflicht.

Am Sonntag möcht' man so viel tun.
Am Sonntag muss man leider ruhn.
Zur Arbeit ist es nie zu spät.
O Kinder, wie die Zeit vergeht.

Fred Endrikat

Der Weisheit letzter Schluß

Ja! diesem Sinne bin ich ganz ergeben,
Das ist der Weisheit letzter Schluß:
Nur der verdient sich Freiheit wie das Leben,
Der täglich sie erobern muss.

Johann Wolfgang von Goethe

Lebensregel

Wer mit dem Leben spielt
Kommt nie zurecht;
Wer sich nicht selbst befiehlt,
Bleibt immer ein Knecht.

Johann Wolfgang von Goethe

Sprüche

Wer soll Meister sein? Der was ersann.
Wer soll Geselle sein? Der was kann.
Wer soll Lehrling sein? Jedermann.

*

Wer lust'gen Mut zur Arbeit trägt
und rasch die Arme stets bewegt,
sich immer durch die Welt noch schlägt.

Wer mit Emsigkeit und Fleiß
tätig war in seinem Kreis,
der genießt mit Heiterkeit
innere Zufriedenheit.

*

Willst du Bedeutendes schaffen,
musst die Kräfte zusammenraffen.

*

Fang' deine Arbeit munter an,
dann ist sie auch schon halb getan.

*

Lust und Liebe zu einem Dinge
macht alle Müh' und Arbeit geringe.
Wer auf viele Dinge zugleich tut sinnen,
dem wird gar bald sein Sinn zerrinnen.

*

Was wir zuerst beginnen,
ergreifen wir mit allen Sinnen.
Wenn es beginnt zu alten,
gerät man ins Erkalten.

*

Bei Sinnen und Säumen
wirst Glück du verträumen;
bei Eilen und Hasten
mag's nicht bei dir rasten;
bei Tat und Ertragen,
da wird's nach dir fragen.

*

Lehre bildet Geister;
doch Übung macht den Meister.

Benutze rasch den Augenblick,
vergangne Zeit kehrt nicht zurück.

*

Vergebens wird die rohe Hand
am Schönen sich vergreifen,
man kann den einen Diamant
nur mit dem andern schleifen.

*

Nicht das viele Wissen tut's,
sondern wissen etwas Gut's.

*

Auswendig Erlerntes,
ein Lüftchen entfernt es;
greifs innewendig,
im Geist und lebendig:
Dann bleibt dir's beständig.

BESTANDENE PRÜFUNGEN

Abitur

Die Schulzeit liegt nun hinter Dir,
Gedruckt steht es auf dem Papier,
Welches »Reifezeugnis« sich nennt.
Sei beglückwünscht zum Happy-End!
Daß Du auf Deiner Lebensleiter
Klimmst erfolgreich immer weiter,
Schaffst, was Du Dir vorgenommen,
hoffen alle, die gekommen.

Unbekannt

Zur bestandenen Prüfung

Ich habe fest die Daumen gedrückt,
Daß Deine Prüfung Dir bestens glückt.
Du warst am Ende Deiner Kraft,
Doch nun ist endlich es geschafft!
Ich freu' mich mit, daß weißt Du ja,
Und bin zum Gratulieren da!

Unbekannt

RUHESTAND UND PENSIONIERUNG

Die Flucht der Zeit

Hienieden ward dem Lenze
Ein kurzes Sein verlieh'n:
Kaum wanden wir uns Kränze,
So ist er schon dahin.

Der Sommer währt nicht lange
Mit seiner Sicheln Schall:
Kaum rötet unsre Wange
Der wärm're Sonnenstrahl.

Bald wird der Himmel trüber,
Die Frucht entfällt dem Baum –
Schon ist der Herbst vorüber,
Wir freuten sein uns kaum.

Nun steigt der Winter nieder
Und schließt des Jahres Reih'n!
Es schweigen alle Lieder.
Er gräbt die Blumen ein.

So eilen unsre Freuden,
So endet alle Lust,
So schwinden auch die Leiden,
Kaum sind wir's uns bewußt.

Nur was nach oben ziehet,
Das kann nicht untergehn;
Was heilig in uns glühet,
Das wird kein Nord verwehn.

Und dort blühn andre Lenze,
Die nimmermehr entfliehn;
Dort werden ew'ge Kränze
Um unsre Scheitel blühn.

O, laßt dahin uns streben
Schon hier im Schattenland.
All unser Thun und Leben
Sei nur auf Gott gewandt.

Luise Hensel

Bleibe nicht am Boden heften

Bleibe nicht am Boden heften,
frisch gewagt und frisch hinaus!
Kopf und Arm mit heitern Kräften,
überall sind sie zu Haus.

Wo wir uns der Sonne freuen,
sind wir jeder Sorge los.
Daß wir uns in ihr zerstreuen,
darum ist die Welt so groß.

Johann Wolfgang von Goethe

Lebenskunst

Wenn du dich von jedem Tage
auf den nächsten freuest,
dich bei keinem Glockenschlage
vor dem letzten scheuest;

dich bequemest jeder Lage,
und kein Ding bereuest,
ganz mit ähnlichem Behage
denkest oder käuest:

Dann so hast du ohne Frage
auch die Kunst, wie ohne Plage,
und won nicht, doch ohne Klage,
du das alte Leben jeden Augenblick erneuest.

Friedrich Rückert

In der Jugend und im Alter

Der David und der Salomo,
Das waren arge Sünder,
Sie trieben weidlich sich herum
Und hatten viele Kinder.

Doch als sie nicht mehr konnten so
Von wegen hohen Alters,
Da schrieb die Sprüche Salomo,
Und David seine Psalters.

Göpels deutsches Lieder- und Commersbuch

Aber wir lassen es andere machen

Ein Chinese ('s sind schon an 200 Jahr)
In Frankreich auf einem Hofball war.
Und die einen frugen ihn: ob er das kenne?
Und die andern frugen ihn: wie man es nenne?
»Wir nennen es tanzen«, sprach er mit Lachen,
»Aber wir lassen es andere machen.«

Und dieses Wort seit langer Frist,
Mir immer in Erinnerung ist.
Ich seh' das Rennen, ich seh' das Jagen,
Und wenn mich die Menschen umdrängen und
        fragen:
»Was tust du nicht mit? Warum stehst du beiseit'?«
So sag ich: »Alles hat seine Zeit.
Auch die Jagd nach dem Glück. All derlei Sachen,
Ich lasse sie längst durch andere machen.«

Theodor Fontane

Alter

Das aber ist des Alters Schöne,
Daß es die Saiten reiner stimmt,
Daß es der Lust die grellen Töne,
Dem Schmerz den herbsten Stachel nimmt.

Ermessen läßt sich und verstehen
Die eigne mit der fremden Schuld,
Und wie auch rings die Dinge gehen,
Du lernst dich fassen in Geduld.

Die Ruhe kommt erfüllten Strebens,
Es schwindet des verfehlten Pein –
Und also wird der Rest des Lebens
Ein sanftes Rückerinnern sein.

Ferdinand von Saar

Kleine Reimschule
für Fortgeschrittene

Wer selbst nichts reimen kann, noch dichten,
Der wird am allerschärfsten richten.

Was macht ein Gedicht aus? Es sind drei Merkmale, die vor allem auffallen:

- der Rhythmus
- der Reim
- die Vers- und/oder Strophenform

Mindestens eines dieser Merkmale muss vorhanden sein, damit man von einem Gedicht sprechen kann (allerdings gibt es auch rhythmisierte Prosa, die damit nicht automatisch zum Gedicht wird). Zwar soll es im folgenden Abschnitt vor allem um den Reim und das Handwerk des Reimens gehen, trotzdem hängen alle drei Elemente so unmittelbar miteinander zusammen, dass erst ihr Zusammenspiel ein Gedicht zu einem Sprachkunstwerk macht.

Wenn man mehr über die Regeln der Poesie und Metrik, der Lehre vom Rhythmus der Verse, wissen will, dann muss man sich mit einigen Grundzügen der deutschen Verslehre vertraut machen. Es sind komplizierte Begriffe, mit denen die vielfältigen Arten und Formen der Poesie benannt, bewertet und eingeordnet werden. Damit verdirbt man sich eher den Spaß am Lesen von Gedichten, und erst recht vergeht einem die Lust, selbst »Verse zu schmieden«. Wer Blumen liebt und gerne gärtnert, braucht sich nicht gleich in Botanik und Gartenbau auszukennen und kann trotzdem Freude am eigenen Garten haben. Wer sich jedoch nicht abschrecken lässt, wird auch mit den Begriffen der Literaturwissenschaft allmählich vertraut. Das befriedigt nicht nur die Neugier, sondern erhöht auch die Lust bei der Lektüre.

Für Reim, Rhythmus und Strophenformen haben sich im Lauf der Jahrhunderte feste Regeln herausgebildet, die zum Handwerkzeug der Dichter und ihrer Kritiker gehören. Wenn man sie kennt, versteht man die Gedichte aus dem Hausschatz der Dichtung nicht nur besser, sondern wird – sofern man selbst zur Feder greift – angeregt, je nach Anlass und Idee die eine oder andere Form zu wählen.

Die Vers- und Strophenform allein garantiert nur unter bestimmten Voraussetzungen die Qualität eines Gedichtes. Man könnte sonst jeden Prosatext in Verse brechen und zu Strophen zusammenfügen, würde aber dabei kaum eine poetische Stimmung erzeugen. Wenn es gelingt, spricht man von freien Versen:

> Über den Wolken
> die Blumen
> hab ich gepflückt.

Dieses Gedicht zeichnet sich durch das gewagte Bild, die sogenannte Metapher, durch die ganz eigene Stimmung und eine Unbestimmtheit des Gedankens aus. In langen Sätzen und mit vielen Worten, also in gewöhnlicher Prosa, könnte man dieses Gefühl so präzise, so anrührend kaum wiedergeben. Diese Form dreizeiliger Gedichte ist seit vielen Jahrhunderten in Japan Tradition und noch heute modern. Man nennt sie Haiku.

In der modernen Poesie gibt es viele Dichter, die durch ihre oft kurzen reimlosen Gedichte überzeugen. Hier der Ausschnitt aus einem Liebesgedicht von Walter Helmut Fritz (*1929):

> Weil du die Tage
> zu Schiffen machst,
> die ihre Richtung kennen.
>
> Weil dein Körper
> lachen kann.
> Weil dein Schweigen
> Stufen hat.
>
> Weil ein Jahr
> die Form deines Gesichtes annimmt.
>
> Weil ich durch dich verstehe,
> daß es Anwesenheit gibt,
>
> liebe ich dich.

Damit freie Verse ein Gedicht bilden, müssen die Wortwahl, die Bildsprache und der Stil dichterisch gelingen und sprachlich verdichtet sein. Ein solches Gedicht kann man mit einem Satz in schlichter Prosa dann nicht mehr gleichsetzen.

Noch deutlicher spürt man das Eigene eines Gedichtes, wenn die Sprache durch Rhythmus gebunden wird. Man spricht deshalb auch von gebundener Sprache. Ein Beispiel, das wohl jeder kennt und das unmittelbar einleuchtet, ist das Gedicht »Wandrers Nachtlied« (das zweite und berühmtere der beiden Nachtlieder, das bei Goethe auf das erste folgt und deshalb in vielen Ausgaben nur »Ein

Gleiches« heißt, nämlich auch ein Nachtlied eines Wanderers) von
Johann Wolfgang von Goethe (1749–1832):

> Über allen Gipfeln
> Ist Ruh;
> In allen Wipfeln
> Spürest du
> Kaum einen Hauch;
> Die Vögelein schweigen im Walde.
> Warte nur, balde
> Ruhest du auch.

Der Rhythmus oder Takt und die Zeilenlänge, also die Anzahl der
Takte, bilden die Grundbestandteile einer Regel. Der Versrhythmus
unterscheidet sich vom Rhythmus in der Prosa (der nicht gebunde-
nen Sprache) nur dadurch, dass die betonten (Hebungen) und un-
betonten (Senkungen) Silben in einer im Versschema festgelegten
Reihenfolge abwechseln. Worauf es also ankommt, ist der Wechsel
von Betonung und Nichtbetonung. Wenn man unsere Sprachge-
wohnheiten untersucht, also das, was wir gewöhnt sind, und das,
was für gewöhnlich als gut klingend empfunden wird, dann stellen
wir fest, dass es eine bestimmte Anzahl fester Regelmäßigkeiten
gibt, die immer wiederkehren. Die kleinste Einheit zusammenge-
höriger Silben nennt man wie in der Musik den Takt oder in der
Poesie etwas altmodisch den Versfuß. Mehrere Takte bilden eine
Zeile, den Vers. Mehrere Verse dann die Strophe. Die freie oder
festgelegte Anzahl der Strophen ergeben das Gedicht.

Ganz sicher haben viele auch der großartigsten Dichter allein
ihrem Sprachgefühl vertraut und diese Regeln nicht gekannt oder
wenig beachtet. Ganz wie in der Musik gibt es auch unter den Dich-
tern Naturtalente und Autodidakten. Untersucht man aber deren

Werke, werden sich trotzdem immer dieselben Regelmäßigkeiten, dieselben Ordnungsprinzipien und Versmaße feststellen lassen, wie sie von den Literaturwissenschaftlern dann im Nachhinein analysiert und kanonisiert wurden. Ihre Kenntnis kann anregen und Sicherheit im Umgang mit den bewährten Reimschemata bieten. So sind viele große Dichter trotz angeborenem Talent zusätzlich durch eine harte Schule gegangen.

Die nachfolgende Aufzählung der bekanntesten und gebräuchlichsten Versmaße und Strophenformen kann zum Vorbild dienen, selbst ähnliche Formen auszuprobieren. Oder mehr Abwechslung und Vielfalt in die eigene Reimerei hineinzubringen. Wer nichts damit anfangen kann, braucht sich davon nicht abhalten lassen, Reime nach eigener Lust und Laune zu machen. Worum es hier gehen soll, ist, das Hintergrundwissen des Gebrauchslyrikers zu vertiefen, aber keinesfalls einer Schule traditioneller Dichtkunst das Wort zu sprechen.

Schon ein Kind spürt, dass nicht alle Gedichte den gleichen Rhythmus haben. Man muss nur bekannte Kinderverse laut aufsagen oder – sofern es Melodien dazu gibt – singen:

> Ein Männlein steht im Walde
> Ganz still und stumm;
> Und hat von lauter Purpur
> Ein Mäntlein um.

In diesen Versen folgt einer unbetonten immer eine betonte Silbe. Diese Taktart nennen die Poetologen Jambus. Auf Deutsch nennt man diese Taktart auch Steiger, weil die Betonung von der unbetonten zur betonten Silbe aufsteigt. Dieses Taktmaß unbetont – betont hat einen eher unruhigen, drängenden Charakter. Ein Vers kann zweijambische Takte haben:

> Das ist die Welt,
> Sie steigt und fällt.
> *(Goethe)*

> Komm lieber Mai und mache
> *(Volkslied)*

oder vier:

> Und alles, was dazugehört;
> Es sind gar wunderbare Sachen.
> *(Goethe)*

oder fünf:

> Durch diese hohle Gasse muss er kommen.
> *(Schiller)*

Diese Verse haben alle denselben jambischen Rhythmus, unterscheiden sich lediglich durch die Anzahl der Takte, also die Zeilenlänge.

Anders ist der Rhythmus im nächsten Beispiel:

> Ringel, Ringel, Reihe,
> sind der Kinder dreie,
> sitzen unterm Hollerbusch,
> rufen alle: »Husch, husch, husch!«

Hier beginnen die Takte umgekehrt immer mit einer betonten Silbe, auf die eine unbetonte folgt. Diese Taktform nennt man in der Lehre der Poesie Trochäus oder Faller. Das Charakteristikum dieser Taktart ist eine eher ruhige, bedächtige Art.

Es gibt ihn mit zwei Takten:

> Schwebet wieder
> Auf und nieder.
>
> *(Goethe)*

mit drei:

> Ehrt ihr alle Gnaden,
> fürchtet jeden Schaden.
>
> *(Goethe)*

mit vier:

> Ich vergaß des Wächters Pflichten.
>
> *(Goethe)*

mit fünf

> Mir Geduld und guten Mut erzechend.
>
> *(Goethe)*

mit sechs:

> Lange Tag' und Nächte stand mein Schiff befrachtet.
>
> *(Goethe)*

Seltener ist der Rhythmus, bei dem auf zwei unbetonte Silben eine betonte Silbe folgt:

> Wenn der Hahn in der Früh
> kräht sein Kikeriki,
> geht die Sonne bald auf,
> nimmt der Tag seinen Lauf

Diese Taktart nennt sich Anapäst oder Doppelsteiger. Schiller verwendet ihn in seiner berühmten Ballade »Der Taucher«:

> Und es wallet und siedet und brauset und zischt.

Sein Gegenstück ist der Daktylus oder Doppelfaller, in dem auf eine betonte Silbe zwei unbetonte Silben folgen:

> Winter, ade!
> Scheiden tut weh.

Auch diese Versform ist eher selten. Wir wechseln beim Sprechen eben lieber direkt eine betonte mit einer unbetonten Silbe ab.

Wer ein Gedicht genauer untersucht, wird feststellen, dass sich daktylische und anapästische Takte in die jambischen und trochäischen Verse einschmuggeln. Das ist auch gut so, denn sonst würden alle Verse leicht monoton wirken. Damit wollen wir es bewenden lassen und es dem Gebrauchsdichter überlassen, längere und kürzere Zeilen zu finden, die rhythmisch zusammenklingen. Trägt nicht der Rhythmus allein, dann muss der Reim für die Unterbrechung sorgen, die den einen Vers vom anderen trennt und wieder mit ihm verbindet. Der Reim ist ein Klangelement. Heute ist nach allgemeinem Verständnis immer der Endreim gemeint. In der Geschichte der Dichtkunst hat lange der Anfangsreim eine große Rolle gespielt. Diese Form des Reimes nennt man auch Stabreim oder lateinisch Alliteration. Er beruht auf der Gleichheit der Anlaute betonter Silben, das heißt, zwei oder mehr benachbarte Wörter haben den gleichen Anfangslaut, sie alliterieren, zum Beispiel: Mann und Maus, Kind und Kegel, Haus und Hof

Als Stilelement verwenden wir heute immer noch gerne Alliterationen. Der Werbespruch »Geiz ist geil« gibt davon ein beredtes

Zeugnis. Allerdings haben wir es hier auch schon fast mit einem Endreim zu tun, wenn auch mit einem unreinen.

In der modernen Poesie, soweit sie literarisch anspruchsvoll sein will und Geltung beansprucht, gibt es mittlerweile fast nur noch das Gedicht in freien Versen, also ohne jeden Reim. Beispiele dafür gab es bereits in der Zeit der sogenannten Klassiker. Klopstock und Hölderlin können als berühmte Beispiele angeführt werden. Aber man achtete noch sehr darauf, dass der Rhythmus stimmte. Hier ein Beispiel des dichtenden Philosophen Friedrich Nietzsche (1844–1900) aus seiner dichterisch freien Autobiographie Ecce Homo:

> An der Brücke stand
> jüngst ich in brauner Nacht.
> Fernher kam Gesang;
> goldener Tropfen quolls
> über die zitternde Fläche weg.
> Gondeln, Lichter, Musik –
> Trunken schwamms in die Dämmerung hinaus ...
>
> Meine Seele, ein Saitenspiel,
> sang sich, unsichtbar berührt,
> heimlich ein Gondellied dazu,
> zitternd vor bunter Seligkeit.
> – Hörte jemand ihr zu?

In der sich nach 1800 entwickelnden Germanistik wurde dann das poetische Sprachkunstwerk fast immer als rhythmisch gebunden und gereimt definiert. Das hat sich als eine bis heute gültige, wenn auch eher volkstümliche Meinung erhalten. Zumindest gilt das für Abzählverse, Schlager, Werbe- und Vortragstexte, um die es hier ja vor allem geht.

Den Reim unterscheidet man wiederum in den einsilbigen, stumpfen oder auch jambischen Reim, etwa:

Haus – Maus
Maß – Spaß
Sehr – mehr

in den zweisilbigen, klingenden oder trochäischen Reim, etwa:

liegen – siegen
ehren – lehren
Bäume – Räume

und den dreisilbigen, gleitenden, manchmal daktylischen Reim, etwa:

schreitende – gleitende
gewogen – belogen
poetisch – prophetisch

Der viersilbige Reim ist äußerst selten. Dann unterscheidet man noch die mehrsilbigen Reime, so zuerst den zweisilbigen Doppelreim, der auch als schwebend bezeichnet wird:

Lenznacht – Grenzwacht
Bahn frei – Wahnschrei
Schandfleck – Hand weg

Und nach demselben Muster geht es auch dreisilbig:

Schaurig wehn – traurig stehn
stundenweis – Kundenkreis

Eine meist humoristisch geartete Spielerei der Poesie ist der Schüt-
telreim, in dem sich zwei Doppelreime über Kreuz reimen:

> Wenn man reitet stundenweis,
> kriegt man einen wunden Steiß.

Oder:

> Den Toren packt die Reisewut,
> indes im Bett der Weise ruht.

Oder:

> Wenn kalter Regen niederfließt,
> die Nachtigall im Flieder niest.

Ein besonders gelungenes Beispiel für die Mischung von gereimten
und ungereimten Zeilen, von Versen mit freien und mit Binnen-
reimen ist ein hier im Auszug wiedergegebenes Gedicht von Paul
Scheerbart (1863–1915), einem Vorläufer der experimentellen Poe-
sie und Verfasser tiefsinniger, seiner Zeit weit vorauseilender Non-
sens-Verse:

Meine Tinte ist meine Tinte
Ein Klexosophicum

> Eine sehr stille Sommernacht!
> Matte Dämmerung mit traumschweren Gardinen
>   und sanften säuselnden Winden.
> Ich liege in weichen, schneeweißen Betten.
> Und die Betten sind so schwer.
> Es plätschert was – tropft.
> Drüben ist es, am Schreibtisch.
> Aber da ist ja so viel Schwarzes auf dem Schreibtisch
>   – so viel Schwarzes.

Sanft säuselnde Winde draußen.

Auf dem Schreibtisch tropft es – sollte das meine
Tinte sein?

Meine Tinte ist meine Tinte.

Aber sie ist so lebendig.

Sie geht ja aus dem Tintenfasse raus.

Und es ist viel Tinte, so viel schwarze Tinte.

Jetzt ist sie bei mir und beugt sich über mein Bett –
wie eine kleine Milchstraße – wie eine kleine
schwarze Milchstraße.

Jetzt tropft es wieder, und schwarze Tropfen fallen
auf meine weißen Betten.

Dort in der Ecke über meinem rechten Fuße sitzt ein
großer schwarzer Klex.

Und der Klex – ein ganz runder ist es – ist der Stil.

Neben dem runden Klexe entsteht nun ein
viereckiger Klex – der heißt Ziel.

Und zwischen den Beiden bewegt sich ein schwarzer
Tropfen wie eine Quecksilberkugel auf einer
Menschenhand – die Kugel ist das Spiel – das
große Spiel.

Bin ich in einer Spielschachtel?

Woher kenne ich all die klingenden Namen? Sie
klingen so gut zusammen wie die guten Reime
in alten Gedichten. Am Stil ist das Ziel das
Spiel, es dreht sich.

Im Stil sitzt das Spiel hinterm Ziel.

Hinterm Ziel!

Wie stilvoll das Spiel ist!

Meine Tinte ist meine Tinte – bei der ist alles möglich.

(...)

Bei der Reimstellung unterscheidet man den Paarreim, bei dem sich immer zwei aufeinanderfolgende Verse reimen:

> Was verkürzt mir die Zeit?
> Tätigkeit.
> Was macht sie unerträglich lang?
> Müßiggang.
> Was bringt in Schulden?
> Harren und Dulden.
> Was macht gewinnen?
> Nicht lange besinnen.
> Was bringt zu Ehren?
> Sich wehren.
> *(Goethe)*

Fast genauso häufig ist der Kreuzreim, bei dem sich immer ein Vers mit dem übernächsten Vers reimt:

> Es war ein König in Thule,
> war treu bis an das Grab,
> dem sterbend seine Buhle
> einen goldenen Becher gab.
> *(Goethe)*

Und schließlich sei noch der Schweifreim angeführt, bei dem sich der erste mit dem vierten Vers reimt und einen Paarreim sozusagen umklammert (hier steht ein Paarreim noch zusätzlich voran):

> Der Mond ist aufgegangen,
> Die goldnen Sternlein prangen
> Am Himmel hell und klar;

> Der Wald steht schwarz und schweiget,
> Und aus den Wiesen steiget
> Der weiße Nebel wunderbar.
>
> *(Matthias Claudius)*

Zulässig und genauso wirkungsvoll sind die Gedichte, in denen sich überhaupt nur jede zweite Zeile reimt und die dazwischenliegenden, ungereimten Zeilen sich rhythmisch einfügen. Man nennt diese Form auch den unterbrochenen Reim.

Nicht immer lässt sich ein guter Reim finden. Wenn der Reim holpert und stolpert, nennt man ihn unreinen Reim. Prüfstein für den gelungenen Reim ist das Ohr, nicht das Auge (auch wenn es sogenannte Augenreime gibt). Nicht die Rechtschreibung, also gleichlautende Buchstaben geben den Ausschlag, sondern der Gleichklang. Man hört, ob der Reim klingt.

Raten – Laden sind Beispiele für einen schlechten Reim. Diner – Couplet sind gelungen, da man »dineh« und »kupleh« sagt.

Man spricht vom unvollkommenen Reim, wenn der Vokal oder Selbstlaut im einen Reimwort lang und in dem anderen kurz ist. Lupe – Puppe, Mann – Kahn, plagen – Flaggen, Gefäße – Blässe eignen sich nicht als Reime.

Dagegen klingen ai und ei, eu und äu sauber gereimt und seien deswegen erlaubt, wie beispielsweise »Im Maien zu zweien« oder Gebäude – Freude beweisen. Bloß ähnlich klingende Vokale, Umlaute und Zwielaute sollte man besser nicht miteinander reimen. Mütze – Spitze, Gebräu – Schalmei, Vögel – Pegel, Feuer – Leier sind grenzwertig. Das Ohr hört den nur ähnlichen und damit unreinen Klang. Hafen – Sklaven ist weder gelungen, noch völlig misslungen. Der Reim ist zulässig, wenn sonst der Rhythmus stimmt und die anderen Verse reine Reime aufweisen.

Der Dichter Detlev von Liliencron (1844–1909) hat sich über

unreine Reime in einem Gedicht lustig gemacht, indem er den un-
reinen Reim in bewusst falsche Rechtschreibung setzte und damit
ein Beispiel gab, wie man es besser nicht machen soll:

> Feinslieb, ich steh in dem Gesträuche,
> in des Mondes hellem Bereuche;
> komm herab und neige dich, neuche
> dich zu mir – oder soll ich dich finden
> in deinem Zimmerchen ganz hinden?
> Oder im Garten dich begrüßen,
> wo die sinnigen Bächlein flüßen?
> Wo die süßen Blaublümlein sprüßen,
> darf ich dich etwa dort begrießen?
> Geliebte, ich will dich doch nicht betrügen,
> oh, sieh mich dir zu Füßen lügen!
> Oh, hörst du nicht schon das Brautgeläute,
> es scheint mir ein wenig sehr aus der Weute.
> Ha, gräßlich! Ein Rival! Ich zieh vom Leder
> Und schreie Halloh und Mord und Zeder.
> Wie trübte das meine Herzensfreude
> und gab mir so viel Herzeleude.
> Daß doch immer der Liebe Leiden
> so häßlich beschließen der Liebe Freiden.

Ohne unreine Reime ist keiner der großen Dichter ausgekommen,
auch Goethe nicht. Die Qualität ihrer Gedichte ergibt sich aus der
Summe aller Teile: Reim und Rhythmus, Inhalt und Form.

Reime, die schon allzu oft gebraucht wurden, sollte man nur
sehr sparsam verwenden. Herz – Schmerz und Liebe – Triebe klin-
gen abgenutzt und nicht mehr originell. Aber nur um der Origina-
lität willen sollte man keinen neuen Reim an den Haaren herbei-

ziehen. Auf manche Wörter gibt es einfach keinen guten Reim. Schon der Mensch – auf dieses Wort gibt es tatsächlich keinen guten Reim – ist ein ungereimtes Tier. Knospe und Seufzer mögen als weitere Beispiele genügen.

Ausnahmen bestätigen die Regel. Schon Goethe hat aus »genug« das Wort »genung« gemacht, um einen Reim auf »jung« zu bilden. Gerade im heiteren Gedicht kann ein solcher Gewaltreim einen die poetische Wirkung steigernden Effekt haben:

> Erwirb, besitz' und lasse funkeln,
> was du ererbt von deinen Unkeln.

Genauso eingängig scheint die folgende Grabinschrift:

> Hier ruht der Schneidermeister Lam,
> der unverhofft ums Leben kam:
> Eigentlich hieß er Leim,
> doch das paßt nicht in den Reim.

Wie gesagt, keine Regel ohne Ausnahme. Die Regel der Ausnahme heißt: Mit dem Selbstlaut lässt sich spielen, mit der Betonung nicht. Folgender Zweizeiler zeigt, wie sich unser Ohr trotz gleicher Rechtschreibung sträubt:

> Das ist ein sonnenklarer Kasus,
> drum schwing' dich schnell auf den Pegasus.

Der Keim ist umso gelungener, je weniger man ihm anmerkt, dass er gesucht werden musste. Er sollte immer so wirken, als wäre er zufällig und hätte sich von selbst ergeben. Nur in einem Scherzgedicht kann man darüber hinwegsehen, so wie in diesem Gedicht von Christian Morgenstern (1871-1914):

Das ästhetische Wiesel

Ein Wiesel
saß auf einem Kiesel
inmitten Bachgeriesel.

Wißt ihr,
weshalb?

Das Mondkalb
verriet es mir
im Stillen;

Das raffinier-
te Tier
tat's um des Reimes willen.

Ein guter Endreim beendet immer einen Satz oder einen Satzteil. Ein Missachten dieser Regel führt dazu, dass der Reim nicht gehört wird und also ohne Wirkung bleibt.

Es haben sich im Laufe der Jahrhunderte viele Strophenformen entwickelt. Die Terzine, das Ghasel, das Ritornell, die Stanze und manch andere haben aber nur noch literaturhistorische Bedeutung. Die heute noch am meisten gebrauchte ist die vierzeilige Strophe, auch Volksliedstrophe genannt. Man findet hier Paar- oder Kreuzreime, Umarmende oder schweifende Reime. Beispiele dafür finden sich im Kapitel »Kleine Reimschule für Anfänger«.

Nur der Vollständigkeit halber sei noch das Sonett erwähnt. Es besteht aus zwei Vierzeilern und zwei Dreizeilern und wird von manchen Kennern für die schönste Gedichtform gehalten. Berühmt sind die Sonette von William Shakespeare. Ebenfalls schon einige Jahrhunderte alt und immer noch anrührend ist das Sonett »An sich« von Paul Fleming (1609–1640), wahrscheinlich eines der schönsten Gedichte in deutscher Sprache. Deshalb soll es diese kleine Reimschule auch beschließen:

An sich

Sei dennoch unverzagt, gib dennoch unverloren.
Weich keinem Glücke nicht, steh höher als der Neid,
Vergnüge dich an dir und acht es für kein Leid,
Hat sich gleich wider dich Glück, Ort und Zeit
    verschworen.

Was dich betrübt und labt, halt alles für erkoren,
Nimm dein Verhängnis an, laß alles unbereut.
Tu, was getan muss sein, und eh man dir's gebeut.
Was du noch hoffen kannst, wird noch stets geboren.

Was klagt, was lobt man doch? Sein Unglück und
    sein Glücke
Ist ihm ein jeder selbst. Schau alle Sachen an:
Dies alles ist in dir. Laß deinen eitlen Wahn,

Und eh du fürder gehst, so geh in dich zurücke.
Wer sein selbst Meister ist und sich beherrschen
    kann,
Dem ist die weite Welt und alles untertan.